F학점의 그들

F학점의 그들

초판 1쇄 인쇄 2020년 11월 20일
초판 1쇄 발행 2020년 11월 24일

지은이 오풍연
그 림 박운음
펴낸이 전익균

펴낸곳 에이원북스
전 화 (02) 2203-1996 **팩스** (050) 4328-4393
출판문의 및 원고투고 이메일 svedu@daum.net
등록번호 제215-92-61832호 **등록일자** 2010. 7. 12

값 16,000원
ISBN 978-89-968972-6-2 03340

F학점의

그들

**2022년 대선,
대통령은
누가 될 것인가**

저자 오풍연 그림 박운음

에이원북스

차례

프롤로그 │ 대권주자들을 평가하는 데 작은 도움이라도 드리고 싶다   **10**

이낙연

이낙연의 서울·부산시장 후보 공천 승부수 통할까   **15**

이젠 이낙연 정치를 해야 한다   **18**

이낙연의 가택정치 빛난다   **21**

이낙연 31일까지 자가 격리, 민주당 전당대회 어찌될까   **24**

이낙연-김부겸-박주민 순위 바뀔 수도 있다   **27**

이낙연에게 어두운 그림자가 비친다   **30**

이낙연에게 당권 도전은 꽃길일까   **33**

이낙연·김부겸 대결로 좁혀진 민주당 대표 선거   **36**

이낙연이 조기 시험대에 올랐다   **39**

이낙연 당권 찍고 대권 간다   **42**

국민들은 이낙연의 입도 주목한다   **45**

이낙연 당 대표 추대를 바라겠지만   **48**

겸손하지 못한 이낙연의 행동   **51**

황교안이 이낙연을 넘지 못하는 이유   **54**

이재명

무죄 확정으로 '날개' 단 이재명, 안정감이 중요   **59**

이재명 정치도 평가할 구석은 있다   **62**

이재명은 비겁한 사람이다   **65**

김부선, 또 이재명 물었다   **68**

이재명의 한계 드러냈다   **71**

신동근 민주당 최고위원, "이재명 참 딱하다"   **74**

이재명이 철이 없긴 하다   **77**

이재명의 친문親文 때리기 맞다   **80**

이재명 1위, 이낙연은 그저 보고만 있었다   **83**

이재명이 이낙연 곧 제친다   **86**

위선자 이재명에게 무죄라니   **89**

이재명은 한명숙을 두둔할 자격이 없다   **92**

이재명 지지자들에게!   **95**

이재명에 대한 평가도 국민들이 내려야   **98**

이재명이 대권주자가 되면 안 되는 이유   **101**

이재명의 돈풀기를 보는 눈   **104**

홍준표

후배 검사들이 홍준표를 모델로 삼을 만하다   **109**

홍준표가 오랜만에 훈수 제대로 했다   **112**

21대 국회 여의도 최고참은 홍준표   **115**

홍준표-윤석열 대결을 예상한다   **118**

홍준표는 남을 탓할 자격이 없다   **121**

홍준표-김종인 싸움으로 번진 통합당 비대위   **124**

홍준표가 대선에 다시 도전하려면   **127**

안철수

요즘은 안철수의 진정성이 느껴진다   **133**
누가 안철수에게 돌을 던지랴   **136**
안철수·한선교가 손을 잡을 수도 있다   **139**
안철수와 의사, 그리고 정치   **142**

추미애

추미애 사태 끝나지 않았다   **147**
추미애 사태, 더 끌수록 민심 나빠진다   **150**
맹구 취급 당하는 추미애, 버틸 힘은 있는가   **153**
추미애 이제 그만 물러나라   **156**
추미애 법무장관 낙마 가능성 크다   **159**
추미애 장관과 문찬석 검사장의 상반된 시각   **162**
추미애는 국민도 무시한다   **165**
천방지축 추미애, 이제는 부동산 정책도 뛰어든다   **168**
추미애 문고리 권력은 또 뭐냐   **171**
추미애의 내로남불   **174**
추미애의 목표는 딱 하나, 윤석열 사퇴다   **177**

김종인

국민의 힘, '김종인 제거 쿠데타'를 기대한다   **183**
김종인 무심코 던진 말이 유력주자들에게 상처 준다   **186**

대권주자 김종인(?)   189

김종인 대표에 대한 예의는 갖추자   192

통합당, 김종인-주호영 동반사퇴하라   195

김종인, 백종원 대통령(?) 그냥 던지지 않았다   198

김종인 "지금 통합당에 대선 주자 없다"   201

통합당, 결국 김종인이었다   204

김종인 비대위 꺼내는 통합당은 더 이상 가망이 없다   207

통합당, 김종인에 무슨 미련이 남아 있나   210

원희룡

원희룡 가장 먼저 대선 출사표 띄우다   215

원희룡 제주지사의 결기에 박수를 보낸다   218

홍준표·윤석열·원희룡이 대결한다   221

원희룡이 대권 꿈을 이루려면   224

홍정욱

홍정욱, 대권에 바로 도전하라   229

보수진영, 윤석열 홍정욱을 띄워 보라   232

통합당 대통령감은 윤석열 홍정욱 말고 또 있을까   235

홍정욱 대망론 무르익나   238

정세균

정세균도 몸풀기 나섰다   **243**

정세균은 안정감, 이낙연은 사이다   **246**

대권주자로 정세균도 뜬다   **249**

정세균 총리까지 바꿔라   **252**

문비어천가, 낯 뜨겁지 않은가   **255**

정세균도 민주당 대선주자 다크호스다   **258**

김경수

김경수 공직선거법 위반은 피했다   **263**

민주당에는 김경수 경남지사도 있다   **266**

김경수를 더 바보 만드는 민주당   **269**

김경수 손 들어준 법원   **272**

김부겸

김부겸 지고, 박주민 뜨다   **277**

김부겸에게 연좌제를 씌우는 것은 옳지 않다   **280**

김부겸, 당권 도전 승산 없지 않다   **283**

김부겸 당권 승부수 통할까   **286**

김부겸·김성식의 낙선도 많이 아쉽다   **289**

김부겸·김성식 의원만 같아라   **292**

박지원

박지원 국정원장과 정치9단의 존재감   297

나와 DJ, 그리고 박지원   300

박지원, 국정원 흑역사를 종식시켜라   303

박지원에게 '색깔론' 제기했다가 망신당한 주호영 원내대표   306

박지원 인사는 신의 한 수였다   309

여권엔 박지원, 야권에는 진중권만 있다   312

MC 송해와 방송인 박지원   315

평범한 시민으로 돌아온 박지원   318

박지원의 경륜과 경험이 아깝다   321

박지원은 죽지 않았다   324

박지원의 귀거래사   327

에필로그 | 나도 그들처럼 비판의 대상이 될 수 있다   330

대권주자들을 평가하는 데 작은 도움이라도 드리고 싶다

《F학점의 그들》은 나의 첫 번째 정치비평서다. 그동안 12권의 에세이집을 냈지만 평론집은 이번이 처음이다. 기자생활 30년 중 20년 가까이 정치부 기자를 하거나 담당 논설위원을 했다. 직접 정치는 하지 않았어도 풍월은 읊는다고 할 수 있다. 서당개가 생각난다고 할까. 21대 국회는 홍준표가 최고참이라고 한다. 정치입문을 따져서다.

홍준표는 1996년 15대 때 첫 배지를 달았다. 나는 그보다 훨씬 앞서 1988년 13대 국회부터 현장을 경험했다. 1986년 기자가 돼 5공에서 6공으로 넘어가는 과정도 보았다. 그 이후 역사적 현장에는 내가 있었다. 5공 비리, 12·12 수사 때는 검찰을 출입했다.

그 같은 경험 등을 바탕으로 오풍연 칼럼을 썼다. 정치비평서를 의도하고 쓴 것은 아니었다. 올 4월 이후 쓴 칼럼만 모아 보니 한 권의 분량이 됐다. 그래서 출판을 생각하게 되었다.

따라서 《F학점의 그들》은 새로 쓴 게 아니다. 썼던 글을 모은 것이다. 매일 실시간으로 칼럼을 썼다. 그 시점에서 내가 느낀 그대로를 실었다. 보통 칼럼은 며칠 지나 쓰기 마련이다. 그러나 오풍연 칼럼은 실시간을 원칙으로 한다. 칼럼도 지나고 나면 죽은 글이 된다. 나처럼 매일 쓰는 칼럼은 없다. 아마 전 세계에서 유일할 지도 모른다.

오풍연 칼럼의 특징은 비판이다. 《F학점의 그들》에는 모두 12명이 등장한다. 묶어 놓고 보니까 2022년 대선 출마 가능성이 있는 사람들이다. 무작위로 글을 썼지만 그들이 한국을 움직이는 사람들이어서 오풍연 칼럼에서도 조명을 받았다. 이낙연 이재명 홍준표 안철수 추미애 김종인 원희룡 홍정욱 정세균 김경수 김부겸 박지원 등이 그들이다. 물론 개인적으로 잘 아는 사람도 있다.

하지만 그들 거의 모두에게 비판적 잣대를 들이댔다. 처음부터 끝까지 정치인을 비판한 경우는 많지 않을 게다. 특히 선거 등을 앞두고 나온 정치인 관련 책들은 미화하는 예가 대부분이다. 이들 각자에게 개인적인 감정은 없다. 칼럼니스트로서 상식과 양심을 앞세워 글을 썼다. 칼럼을 쓰는 과정에서 누구로부터도 압력을 받지 않았다. 거기에 굴할 나도 아니지만.

책이 나오면 어떤 평가를 받을지 나도 궁금하다. 기분 나빠 하는 사람들이 많을 것 같다. 비판을 받고 좋아할 사람은 없다. 하지만 보다 큰 정치인, 특히 대권에 꿈이 있다면 비판도 수용할 줄 알아야 한다. 이재명처럼 사사건건 발끈하면 국민들이 피곤해진다. 정치인 역시 완벽할 수는 없다. 부족한 점이 있으면 보완해야 한다.

내 눈에 비친 우리 정치인들은 부족한 게 더 많았다. 그래서 제목도 'F학점의 그들'이라고 달았다. 지금 문재인 대통령도 F학점을 면치 못하고 있다. 적어도 C학점 이상의 대통령이 나와야 한다. 자기 스스로는 결점을 보기 어렵다. 남이 지적해 주는 것도 하나의 방법이다. 2022년 대선 주자를 평가하는 데 조금이라도 도움이 되었으면 하는 바람이다. 12명 가운데 대통령이 나올 가능성은 높다. 관심과 격려 부탁드린다.

2020년 11월

오풍연

대선을 1년 5개월여 앞둔 현재 시점에서 가장 강력한 후보이기도 하다. 그러나 당내 지지기반이 약해 자기 정치를 펼치지 못하고 있다. 친문의 도움이 절대적으로 필요해서다. 국무총리 때는 사이다 발언으로 인기를 끌었다. 하지만 민주당 대표가 된 뒤에는 딱히 내세울 만한 게 없기도 하다. 그의 한계라고도 할 수 있다. 강력한 리더십을 발휘하느냐가 관건이다.

이낙연의
서울·부산시장 후보 공천
승부수 통할까

얼굴 두껍기만 놓고 보면 민주당을 능가할 정당이 없다. 그들은 참 뻔뻔하다. 당 지부도 그렇고, 소속 의원들도 마찬가지다. 모두 도긴개긴이다. 이번에는 서울 부산시장 보궐선거에 후보를 내세우기 위해 당헌도 개정하겠다고 한다. 현재 당헌으로는 후보를 낼 수 없어서다. 사실 정당의 당헌은 헌법과 같다. 헌법을 쉽게 손댈 수 없듯이 당헌도 필요에 따라 주무르면 안 된다. 그것을 하는 정당이 바로 민주당이다.

민주당 당헌(96조)은 "당 소속 선출직 공직자가 부정부패 사건 등 중대한 잘못으로 그 직위를 상실해 재·보궐 선거를 하게 된 경우 해당 선거구에 후보자를 추천하지 않는다"고 명시하고 있다.

2015년 문재인 당대표 시절 혁신위원회가 만든 조항이다. 이 조항에 따르면 민주당이 서울 부산 시장 후보를 내면 안 된다. 서울 부산 시장 모두 성추행 등과 관련해 시장이 죽거나 사퇴를 했기 때문이다. 귀책 사유가 있었던 셈이다.

그런데 약속을 헌 신짝 버리 듯 할 모양이다. 당헌을 고쳐 후보를 내겠다고 공식화 했다. 이낙연 대표가 총대를 멨다. 이 대표는 29일 의원총회에서 "최고위원들의 동의를 얻어 후보 추천 길을 여는 당헌 개정 여부를 전 당원 투표에 부쳐 결정하기로 했다"면서 "저희 당 잘못으로 시정 공백을 초래하고 보궐선거를 치르게 한 것에 서울·부산 시민과 국민 여러분께 거듭 사과드린다"고 말했다. 그러면서도 "후보를 내지 않는 것만이 책임 있는 선택이 아니고, 오히려 공천으로 시민의 심판을 받는 것이 책임 있는 도리라는 생각에 이르렀다"고 설명했다.

민주당은 이를 위해 31일과 다음달 1일 전 당원 투표를 실시한다. 찬성 의견이 많으면 다음주 중 당무위·중앙위 의결을 통해 당헌 개정을 마무리할 계획이다. 투표는 하나마나다. 여기에 반대할 당원은 그리 많지 않을 것으로 본다. 당원들에게도 책임을 미뤘다고 할까. 당헌 개정에 찬성하면 '다만 최고위원회의 의결이 있을 경우에는 달리한다'는 식의 단서 조항을 붙여 서울·부산 시장 보선 공천을 강행할 것으로 보인다.

F학점의 그들

내년 서울 부산 시장 선거는 굉장히 중요하다. 2022년 대선의 전 초전으로도 볼 수 있기 때문이다. 이런 상황에서 두 곳에 후보를 내지 않는다는 것은 상상하기조차 어렵다. 민주당이 당헌 개정에 나선 이유이기도 하다. 이제 유권자가 그 판단을 해야 한다. 약속을 어기는 정당에 대해서는 매를 들 필요가 있다. 약속 번복을 식은 죽 먹 듯 한다면 안 될 일이다. 유권자들이 매운 맛을 보여주자. 그럼 어느 정당도 이런 짓을 하지 못할 것이다.

이재명 경기지사가 지난 7월 "정치는 신뢰가 중요하다. 서울·부산시장 재보궐선거에 무공천 해야 한다"고 했을 때 벌떼처럼 일어난 적이 있다. "왜 지금 그런 말을 하나"(이해찬 전 대표)는 질타를 받았었다. 주호영 국민의힘 원내대표는 "온갖 비양심적인 일을 다하는데, 천벌이 있을 것"이라고 말했다. 유권자들이 나서야 할 때다.

2020. 10. 31

이젠
이낙연 정치를
해야 한다

이낙연이 29일 예상대로 압도적 승리를 거뒀다. 60.77%의 득표율. 처음부터 '어대낙(어차피 대표는 이낙연)'으로 대세론을 형성해온 바 있다. 김부겸은 21%대로 2위를 차지했다. 17%의 득표율을 보인 박주민을 겨우 제쳤다. 이낙연이 어떤 행보를 보일까. 이제 그만의 정치도 펼칠 필요가 있다.

너무 신중하다는 이미지도 버려야 한다. 대권주자로서도 정치 철학이 있어야 한다. 이 눈치 저 눈치 보지말라. 청와대와 각을 세우기도 하란 얘기다. 그러려면 친문을 너무 의식해도 안 된다. 압도적 승리는 친문이 도와줘 가능했으리라고 본다. 대선은 친문만 갖고 가기에 리스크가 적지 않다. 2017년 대선과는 또 다르다. 전

국민의 마음을 잡아야 한다.

이낙연은 문재인의 길을 따랐다. 대표가 된 뒤 여세를 몰아 대권 주자가 되는 것. 최종 대권주자가 될 지는 알 수 없다. 그의 권력 의지에 달렸다고 할 수 있다. 이낙연은 선거운동 기간 내내 김부 겸으로부터 7개월짜리 대표라는 공격을 받았다. 그럼에도 민주 당 대의원과 권리당원, 일반당원, 일반시민들은 모두 이낙연의 손을 들어주었다. 그만큼 강력했다는 뜻이기도 하다.

대표 자리가 대선에 유리할까. 이낙연도 유리하다고 판단하고 대 표 경선에 나섰을 터. 당 대표는 당을 장악할 수 있는 최고의 자 리임은 말할 것도 없다. 그동안 이낙연의 경우 당내 지지세가 약 했던 것이 사실이다. 이번에 당의 주류라고 할 수 있는 친문親文 의 도움을 받았지만, 또 다른 강력한 친문 주자가 나타나면 상황 이 달라진다.

지난 28일 물러난 이해찬 전 대표도 슬쩍 한마디 던졌다. 새로운 대권주자가 나타날 수도 있다고. 이는 이낙연은 물론 이재명에게 던진 메시지이기도 하다. 정치는 생물이라서 모른다는 뜻이다. 무 엇보다 대선까지 시간이 많이 남아 있다. 그 때까지 무슨 일이 생 길지 누구도 예측하기 어렵다. 이낙연은 견제구를 던지면서 자기 세력을 구축해야 한다. 이재명 역시 마찬가지다.

김은혜 통합당 대변인은 이날 구두논평에서 "집권 여당의 새 출발을 계기로, 민주당이 국민에게 희망을 주는 여당, 국민과 함께하는 정당으로 거듭나기를 희망한다"고 했다. 이어 "새롭게 선출된 지도부는 편향되고 왜곡된 인식과 단절하고, 국민만을 바라보는 정치를 해 주실 것을 요청한다"면서 "청와대와 정부에 쓴 소리를 할 수 있어야 하며 그럼으로써 통법부가 아닌 입법부 본연의 역할을 회복하길 바란다"고 했다.

김종철 정의당 선임대변인도 서면 브리핑을 통해 "176석의 책임감을 가지고 설득과 협력으로 함께 위기를 돌파해나갈 수 있기를 기대한다"면서 "당초 약속했던 개혁 과제는 달성이 지지부진하고 노동문제 등에 있어서는 이전 정권과 과연 어떤 차이가 있느냐는 우려가 커지고 있다. 집권 여당이 스스로를 돌아봐야 할 때"라고 말했다.

이낙연 역시 차별화로 승부를 걸어야 한다. 청와대 눈치만 살피다간 두 마리 토끼를 다 놓칠 수도 있다. 소신 있는 정치인 모습을 보여달라.

2020. 8. 30

이낙연의
가택정치 빛난다

　　　　　　민주당 전당대회에 나온 이낙연 후보가 페이스북을 통해 대국민 메시지를 전달하고 있다. 이 후보는 동아일보 기자 출신답게 군더더기 없는 글을 올리고 있다. 메시지도 간결하고, 호소력이 짙다. 이낙연에게는 2주간 자가격리가 전화위복이 됐다고 할까. 그 소통 수단은 페이스북이다. 특히 전국민의 관심사인 코로나에 대해 나름 해법도 제시하고 있다.

총리를 지낸 만큼 메시지에서도 차별화가 드러난다. 국정 전반에 걸쳐 정통함을 알 수 있다. 무엇보다 안정감이 읽힌다. 국민들이 이낙연을 지지하는 이유일 게다. 튀지 않고 정곡을 찌른다. 서민적 모습도 보여준다. 종로구청에서 보낸 물품, 아침 식사 모습 등

보통 사람과 다르지 않다. 이재명은 이낙연을 엘리트라고 했는데 그 역시 가난한 집안 출신이다. 서울 법대만 나왔을 뿐이다.

이낙연이 오늘 페이스북에 올린 글은 나도 동감한다. 차분함이 느껴졌다. 전국민의 자발적 동참을 호소했다. 이낙연 또한 3단계 거리두기를 하자고 촉구할 수 있겠지만 그에 앞서 시민들이 스스로 지켜주면 더 좋겠다고 했다. 여기서 이낙연이 페이스북에 올린 글을 소개한다.

"시민들은 외출을 자제하고, '이번 주말에는 집에 머물자'는 메시지와 '집콕 인증사진' 등을 공유하며 사회적 거리두기를 서로 독려하셨다고 합니다. 온라인에선 정은경 질병관리본부장의 캐리커처에 '이번 주말에는 집에 머물러 달라'는 문구를 적은 이미지가 퍼져나갔습니다. 서울 도심을 비롯해 전국 곳곳의 주요 도로가 텅 비어있는 사진도 봤습니다. 경제와 사회를 크게 제약하는 거리두기 3단계에 이르기 전에 국민들 스스로 자기주도형 철벽 방역을 하고 계시는 것입니다. 위대한 국민입니다. 이렇게 한마음 한뜻으로 힘을 모은다면 코로나 확산세도 곧 잡히리라 믿습니다. 국민 여러분께 거듭 감사드립니다. 우리는 할 수 있습니다."

문재인 대통령도 이런 메시지를 냈으면 좋겠다. 나도 3단계를 거듭 촉구해 왔지만 국민들 스스로 그에 준하는 정도로 지켜준다면 3단계를 실시하지 않고도 잡을 수는 있다. 어제도 메시지를 던졌다. 의사 파업에 대해서다. 이 부분 역시 공감을 살 만했다.

"이 와중에 의사파업, 국민은 두렵고 화납니다. 긴박합니다. 막바지 대화를 통해 속 터지는 이 국면이 타개되기를 바랍니다. 의사협회가 국민의 건강을 먼저 생각하시며 대승적 결단을 내려주시기를 기대합니다." 이낙연은 집에 있으면서도 정국을 꿰뚫고 있다. 선거운동을 하기보다는 국민과 함께 위기를 극복하려는 의지가 더 읽힌다. 박수를 보낸다.

2020. 8. 24

이낙연 31일까지
자가 격리,
민주당 전당대회 어찌될까

코로나가 민주당 전당대회까지 집어삼킬 기세다. 당 대표 선거에 출마한 이낙연 후보가 코로나 확진자 밀접접촉자로 분류돼 오는 31일까지 2주간 자가격리에 들어갔기 때문이다. 따라서 8·29 전당대회와 선거운동에도 차질이 불가피해졌다. 당장 선거를 치를 지도 불투명하다. 코로나는 천재지변에 가까워 연기론이 힘을 받을 것 같기도 하다.

후보 없는 선거를 치르는 게 마땅할까. 선관위가 어떤 결정을 내릴지 모르겠다. 후보들이 동의를 하면 연기도 가능할 게다. 김부겸, 박주민 후보의 선택도 주목된다 하겠다. 그러지 않아도 관심을 끌지 못했는데 이 같은 변수가 생겨 더 곤란한 상황에 처했다.

선거 자체를 취소할 수는 없을 게다. 29일 예정대로 치를지, 연기할지만 남았다고 할 수 있다.

이낙연 캠프는 19일 "오늘 오후 7시 경 서울 양천구 보건소로부터 2주간 자가격리를 통보받았다"면서 "오늘 오전 코로나19 검진에서 음성 판정을 받았지만 역학조사 결과 지난 17일 CBS 프로그램에 앞서 출연한 확진자의 밀접접촉자로 분류됐다"고 밝혔다. 이 후보는 이날 집에만 있었다. 이 후보의 자가격리는 오는 31일 낮 12시 해제될 예정이다.

이낙연은 페이스북에 "(오늘) 의료진 권고에 따라 온종일 집에 머물며 경과를 살폈다. 의심 증상도, 아무런 불편도 없었다"면서 "지금은 방역 지침을 철저히 지키는 것이 훨씬 더 중요하다. 보건소 지침에 충실히 따르겠다"고 적었다. 코로나의 경우 초기 검사에서는 음성으로 나와도 잠복할 수 있어 밀접접촉자는 2주간 상태를 관찰하도록 하고 있다. 예방 수칙에 따른 조치다.

그는 "누구보다도 국민과 당원 여러분께 걱정을 드려 죄송스럽다"면서 "기회를 제약받으시는 김부겸, 박주민 후보께도 미안하다"고 했다. 특히 "지금은 누구나 코로나19에 노출될 수 있는 위험한 상황"이라며 "국민 여러분께서 더 긴장하시며 방역수칙을 철저히 지켜주시기 바란다"고 덧붙였다. 이 후보는 오는 21일 경기도 대의원대회, 22일 인천·서울 대의원대회, 29일 전당대회 등 향후 일정에 어떤 방식으로 참여할지 당과 상의해 결정한다는 방침이다.

민주당 측은 "(전당대회를) 미루는 방법밖에 없다. 유력 후보자가 부재한 상황에서 강행할 수는 없을 듯 하다"고 말했다. 한 핵심 관계자는 "8·29 전당대회 남은 일정에 차질이 불가피하다"면서 "20일 오전 9시 전준위(전당대회준비위원회) 회의에서 논의하겠지만 아마 미루는 방법뿐일 듯 하다"고 당내 분위기를 전했다.

민홍철 선거관리위원장은 이날 밤 "당장 내일로 예정된 MBC의 100분토론과 온라인 연설회 일정을 미루는 결정을 위해 내일 아침 9시 전준위 회의를 소집했다"면서 "전당대회 일정 연기여부도 회의를 한 뒤 결정할 것"이라고 설명했다. 그러면서 "전당대회 최종 연기 결정은 당 지도부의 판단도 필요하다"고 했다. 전체적인 분위기는 연기 쪽으로 가닥이 잡혀가는 모양새다. 연기를 한다고 분위기가 살아나지 않을텐데 설상가상이다.

2020. 8. 20

이낙연-김부겸-박주민
순위 바뀔 수도 있다

"이낙연 39.9% 김부겸 21.8% 박주민 15.7%" 1강 2중이다. 민주당 전당대회 당권주자 초반 성적표다. 아직 선거일까지 한 달 가까이 남았다. 앞으로도 변수가 적지 않다. 이대로 굳어질 리도 없다. 이낙연은 굳히기를 시도할 게고, 김부겸 박주민은 쫓아가려 할 터. 원래 쫓기는 사람의 마음이 더 급하다. 이낙연 측도 안심할 수 없다는 뜻이다.

원지코리아컨설팅이 지난 29~30일 전국 만 18세 이상 성인 1150명을 대상으로 당 대표 후보 지지도를 조사(표본 오차는 95% 신뢰수준에 ±3.1%포인트)한 결과, 응답자의 39.9%가 이 후보를 꼽았고, 김부겸 후보 21.8%, 박주민 후보 15.7% 순이었다. 여기서 눈에 띄는 사람은 박주민이다. 출사표를 띄운 지 얼마 안 된다. 그럼에도 두 후보와 어깨를 나란히 한다고 할 수 있다.

민주당 지지층만 보자. 이 후보의 지지도는 57.4%, 박 후보 18.0%, 김 후보 17.1% 순으로 나타났다. 권리당원에서도 이 후보 51.5%, 박 후보 22.7%, 김 후보 19.9% 순으로 비슷한 흐름을 보였다. 민주당 지지층 만을 상대로 할 때는 박주민이 김부겸을 꺾었다. 눈여겨 볼 포인트가 아닌가 싶다. 윈지코리아는 "민주당 지지층에서 이낙연 쏠림 현상이 좀 더 두드러지고 오차범위 이내에서 박 후보와 김 후보의 순위가 바뀌었다"고 설명했다.

가장 긴장하는 측은 김부겸 캠프가 아닐까 여겨진다. 자칫하다간 박주민에게도 밀려 3위를 할 수 있기 때문이다. 사실 박주민은 이번 전당대회서 손해볼 게 하나도 없다. 1위를 하면 이번이고, 2위를 해도 좋고, 3위를 해도 상관 없다. 두 후보에 비해 나이가 훨씬 젊기 때문이다. 이낙연 68세, 김부겸 62세, 박주민 47세다. 박주민은 언제든지 재도전 할 수도 있다.

나는 박주민이 지난 달 21일 당 대표 출마선언을 했을 때 '박주민의 패기를 높이 산다'는 칼럼을 쓴 바 있다. 당시 칼럼 내용을 일부 소개한다. "친문들이 좋아할 만한 전투력 등을 갖췄다. 두 후보에게 위협적이 될 지는 알 수 없다. 선거일까지 시간이 많이 남아 있어 기적을 쓸 지도 모른다. 한 치 앞도 내다볼 수 없는 게 정치이기도 하다. 그는 이름 없는 변호사 출신이다. 야전에서 잔뼈가 굵었다. 문재인 대통령이 대표로 있을 때 발탁한 인물이다. 아름다운 도전을 기대한다."

반면 김부겸은 영 안 뜨고 있다. 김부겸 역시 좋은 재목임은 틀림 없다. 그런데 민주당 지지자 등에게 각인이 덜 되어 있다. 이 또한 어찌할 도리가 없다. 정치란 게 그렇다. 인기를 먹고 산다. 이낙연에게 치이고, 박주민이 치받는 형국이다. 뭔가 돌파구를 찾아야 한다. 김부겸에게도 약점이 있다. 친화력은 뛰어나지만 특징이 없다는 것. 정치인의 경우 욕을 먹더라도 특징이 있어야 한다. 인기는 그것과 직결되기 때문이다.

앞으로 열흘 정도 지나면 순위가 뒤바뀔 가능성이 있다. 막판에는 어떨지 모른다. 다크호스는 박주민이다. 그가 일을 냈으면 좋겠다. 친문이 뭉치면 무섭다. 박주민이 그 혜택을 받을 공산이 크다.

2020. 8. 1

이낙연에게
어두운 그림자가
비친다

.

박원순 사망은 이낙연에게 최대 악재다. 내년 4월 7일 치러지는 재보선 판이 커졌기 때문이다. 이낙연은 대표에 당선되더라도 내년 3월 9일까지는 사퇴해야 한다. 대권 도전을 전제로 한 스케줄이다. 반면 김부겸은 대표에 당선되면 임기(2년)를 채우겠다고 약속했다. 그럼 누가 유리하겠는가. 대표 없이 재보선을 치룬다는 게 받아들여질까. 이낙연 측이 어떻게 대응할지 궁금하다. 명분을 찾기 어렵게 됐다. 김부겸에게는 찬스다. 친문도 김부겸을 지지하지 않을까 싶다. 이낙연이 복병을 만난 셈이다.

이낙연은 그동안 대권도전을 숨기지 않았다. 당권 도전도 대권의 징검다리로 삼기위해서였다. 그런데 차질이 빚어졌다. 지금 도전을 포기할 수도 없는 상황이다. 매우 어정쩡하게 됐다. 만약 선거서 지면 모든 게 끝장이다. 당 대표에 떨어진 사람이 경쟁력을 가질 수 없는 까닭이다. 친문 그룹 가운데 이낙연 대타가 등장할 가능성이 크다.

박원순 사망이 핵폭탄이라고 할 수 있다. 민주당이 서울시장 선거도 포기할 수 없다. 이낙연이 대표가 되면 그를 대신해 다른 사람이 선거를 치러야 한다. 부산시장까지는 그럴 수 있었다. 하지만 서울시장 선거는 그 의미가 다르다. 대선 전초전으로도 볼 수 있다. 미래통합당에 진다면 대선도 이긴다고 장담할 수 없다. 민주당도 이런 고민을 하지 않을 수 없을 게다.

반면 김부겸은 상대적으로 자유롭다. 떨어지더라도 대선서 다시 한 번 이낙연과 붙을 수 있다. 아마 김부겸도 이번 선거에 화력을 쏟아부을 듯 하다. 다음 번 여론조사가 궁금해진다. 나는 처음에 6대4 정도로 이낙연의 우위를 점쳤다. 하지만 현재는 5대5로 내다본다. 막판으로 갈수록 김부겸이 뜰 공산도 크다. 대표 체제로 내년 재보선을 치르는 게 훨씬 유리할 것으로 보여서다.

이낙연은 현재 치고 나올 것이 별로 없다. 언행도 너무 신중한 나머지 언론의 스포트라이트를 덜 받는다. 선거전이 본격화되면 김부겸의 공격을 막아내기 급급할 것 같다. 그럼 지지율도 빠질 수밖에 없다. 무엇보다 김부겸이 만만치 않다. 이낙연과 1대1로 붙어도 뒤지지 않을 만큼 뚝심이 있다. 토론에서도 밀리지 않을 것으로 본다.

이낙연은 15일 박원순 성추행 의혹과 관련, "피해 고소인과 국민 여러분께 머리 숙여 사과드린다"고 밝혔다. 이어 "피해를 호소하는 고소인의 말씀을, 특히 피해를 하소연해도 아무도 들어주지 않았다는 절규를 아프게 받아들인다"고 덧붙였다. 이슈를 언급하지 않을 수도 없고, 이낙연에게는 산 넘어 산이다.

2020. 7. 15

이낙연에게
당권 도전은
꽃길일까

　　이낙연 의원이 7일 당권 도전을 선언했다. 당 대표를 거쳐 대통령에 출마하겠다는 뜻을 대내외에 선포한 셈이다. 문재인 대통령이 걸어온 길이기도 하다. 이낙연도 많은 고민을 했을 게다. 바로 대통령으로 직행할까, 당 대표를 경유할까. 거기에 리스크가 없는 것도 아니다. 만약 당 대표 선거서 지면 대권 도전도 탄력을 잃게 된다. 무엇보다 당권은 당심黨心을 얻어야 하는데 말처럼 쉽지 않다.

나 역시 당 대표 선거에 나설 것을 촉구한 바 있다. 굳히기에 들어갈 필요가 있다는 뜻에서였다. 그런 만큼 이낙연 측도 이번 선거에 최선을 다하리라고 본다. 특히 양자 대결이어서 더 어렵다.

김부겸도 만만치 않다. 결코 호락호락한 상대가 아니다. 당 대표 불출마 선언을 한 홍영표 우원식 의원도 누구를 밀겠다는 얘기는 하지 않았다. 이날 불출마 선언을 한 송영길만 이낙연 지지 의사를 비쳤다.

이낙연은 출마 선언문을 통해 "민주당과 내게 주어진 국난 극복의 역사적 책임을 이행하는 데 모든 역량을 쏟아 최선을 다해야 한다는 결론에 이르렀다"면서 "민주당 대표 선거에 출마하기로 했다"고 밝혔다. 이어 "'국가가 위기에 처했을 때, 너는 어디에서 무엇을 했느냐?'는 훗날의 질문에 내가 대답할 수 있어야 한다고 판단했다"고 설명했다. 지금 상황을 위기로 보고 있다는 뜻이다.

그는 "민주화 이후 최장수 총리와 전례 없는 국난극복위원장의 경험을 살려 저는 당면한 위기의 극복에 최선으로 대처하겠다"면서 "국난극복의 길에 때로는 가시밭길도, 자갈길도 나올 것이지만 어떤 어려움도 마다하지 않겠다"고 강조했다. 그러면서 거대 여당이 된 민주당이 나아갈 방향으로 책임정당, 유능한 정당, 겸손한 정당, 공부하는 정당, 미래 정당 등 5가지를 제시했다.

민주당 전당대회는 다음 달 29일 열린다. 앞으로 한 달 20일 이상 남았다. 이 기간 중 또 무슨 일이 생길지 모른다. 지금 당장 선거를 치른다면 이낙연의 우세가 틀림 없다. 하지만 정치는 생물이라서 누구도 확실하게 점칠 수 없다. 이낙연은 지금도 30%의 지지율을 유지하고 있다. 엄청난 자산이라고 할 수 있다. 반면 김부겸은 지명도가 훨씬 떨어진다.

그럼에도 대표 선거는 고려할 요소가 많다. 우선 대의원을 누가 많이 확보하느냐에 따라 당락이 갈릴 수 있다. 이낙연은 5선과 도지사, 총리 경력을 쌓았지만 내 사람이 적은 것도 사실이다. 거의 나홀로 정치를 해왔기 때문이다. 이낙연의 최대 약점이기도 하다. 이에 반해 김부겸은 친화력이 뛰어나 대의원이나 당원들과 소통을 원활히 해왔다. 김부겸의 장점이라고 할 수 있다.

김부겸이 대표가 되면 임기(2년)를 채운다고 했지만 대선 전초전을 띤다고 볼 수 있다. 김부겸은 이번 선거서 지더라도 대선에 나올 게다. 이낙연은 상황이 좀 다르다. 선거서 지면 치명상을 입을 가능성이 크다. 본선 경쟁력을 의심받을 수 있어서다. 김부겸도 토론을 잘 한다. 이낙연과 막상막하일 터. 중반 이후 주도권을 잡는 사람이 유리한 것은 말할 나위가 없다.

2020. 7. 7

이낙연·김부겸 대결로 좁혀진 민주당 대표 선거

       #1: 민주당 대표 선거에는 이낙연 김부겸 우원식 등 3명이 나설 것 같다. 2강1약으로 평가한다. 이낙연과 김부겸의 대결로 압축될 것이라는 얘기다. 현재는 이낙연이 유리한 고지에 있다. 그러나 알 수 없는 게 선거. 더군다나 당 대표를 뽑는 선거는 집안 선거여서 예상외의 결과가 나올 수도 있다. 김부겸의 추격이 만만치 않을 것으로 예상된다. 이낙연은 벌써부터 방어전을 펴야 한다. 지지율 1위 후보는 어쩔 수 없다. 우원식은 존재감이 없어 출전에 명분을 둘 듯 하다. (7월 4일)

#2: 민주당 대표 자리를 놓고 이낙연(5선) 의원과 김부겸(4선) 전 의원이 맞붙는다. 당초 출마가 예상됐던 홍영표·우원식 의원이 차

례로 뜻을 접었다. 이낙연은 전남 영광, 김부겸은 경북 상주 출신이다. 영·호남 대결이 이뤄지게 됐다. 2파전이라 섣불리 승부를 점치기 어렵게 됐다. 선거일까지 한 달 20여일 남았다. 어떤 변수가 생길지 모른다. 물론 초반엔 이낙연이 앞서 갈 게다. 그러나 중반전 이후 김부겸이 치고 나올 공산도 크다. 친문은 누구를 밀까. 콕 집어 이낙연이라고 말하기는 어려울 듯 싶다. 이번 대결은 대선 전초전 성격도 짙다. 이낙연이 지면 대선 가도에도 빨간불이 켜진다. 이낙연 경쟁자들이 김부겸을 밀 수도 있다. 따라서 이낙연도 안심할 수 없는 처지다. 이처럼 선거는 변수를 무시 못한다. 불꽃 튀는 대결이 예상된다. (7월 5일)

결국 우원식 의원도 버티지 못하고 5일 불출마를 선언했다. 이런저런 명분을 댔지만, 가능성이 전혀 없었기 때문이다. 사실 보나마나한 선거는 나올 필요가 없다. 다음을 기약하는 것이 더 낫다. 홍영표도, 우원식도 명분보다 실리를 택했다고 할까. 정치란 이렇다. 수 싸움에서 밀리면 달리 불출마 이외에 방법이 없다.

홍영표는 친문을 대표했고, 우원식은 민평련을 기반으로 했다. 그럼 이들은 누구를 지지할지 궁금하다. 우선 양 쪽으로 나뉠 공산이 크다. 어느 한 사람에게로 쏠릴 것 같지는 않다. 이낙연을 견제해야 한다는 소리도 많이 나오는 것 같다. 얼마 전 민주당 사정에 밝은 사람을 만났다. 그 분의 입에서는 다소 예상 밖의 얘기가 나왔다.

"이낙연을 지지하겠다는 사람이 별로 없는 것 같습니다. 오히려 정세균의 인기가 좋습니다." 이는 정세균도 다음 대선을 노리고 뛰고 있다는 것과 다름 없다. 정세균 계가 이낙연을 지지하지는 않을 것이다. 때문인지 정세균·김부겸 연합설도 나온 바 있다. 선거 때도 합종연횡, 이합집산을 한다. 김부겸도 한 번 해볼만 하다는 뜻이다.

선거가 본격화 되면 둘의 우열도 가려질 터. 지금 점치기는 어렵다. 현재는 6대 4 정도로 이낙연의 우세를 점친다. 막판에는 55대 45의 싸움이 되지 않을까 내다본다. 막상막하가 될 것 같다는 얘기다. 쫓기는 입장이 더 불안하다. 이낙연은 막아내야 하는 입장. 김부겸은 전방위 공격에 나설 것으로 보인다. 누가 승자가 되든 한 쪽은 타격이 불가피하다. 이게 선거다.

<u>2020. 7. 6</u>

이낙연이
조기 시험대에
올랐다

이낙연은 누가 뭐래도 가장 강력한 대권주자다. 너무 일찍 두각을 나타냈는 지도 모르겠다. 그러다 보니 일거수일투족이 주목받고 있다. 말 한마디, 행동 하나 조심할 수밖에 없다. 언론도 칭찬하기보다는 비판할 거리가 없는지 눈을 부릅뜨고 있다. 언론의 속성이기도 하다. 기자 출신인 이낙연이 그것을 모를 리 없다. 어찌보면 이낙연은 자기와의 싸움을 시작한 셈이다.

이낙연은 완벽주의자로 통한다. 연설문의 토씨 하나까지 손보는 그다. 그럼에도 말 실수 등을 하고 있다. 심사숙고해서 말을 한다지만 국민정서와 동떨어진 얘기를 하기도 한다. 이런 일이 반복되면 인기가 추락할 수 있다는 점도 알아야 한다. 지지율이라는 게 그렇다. 올리기는 힘들어도 떨어지는 것은 순간이다. 그래서 '폭망'이라는 말도 나온다.

그렇다고 유력 대권주자로서 현안 등에 대해 말을 안할 수도 없다. 두루뭉술하게 넘어가면 곤란하다. 메시지는 분명해야 한다. 총리 시절 국회서 야당 의원들을 대상으로 사이다 발언을 하는 것처럼 해서도 안 된다. 그 때는 톡 쏘는 발언으로 재미를 봤지만 지금 그렇게 했다간 손해를 본다. 이제는 국민을 상대해야 한다. 국민의 수준도 굉장히 높아졌다. 거기에 걸맞는 말을 할 필요가 있다.

어제도 그랬다. 이낙연은 1일 오전 국회 의원회관에서 열린 '국회 지구촌 보건복지 포럼' 강연에서 "인생에서 가장 크고 감동적인 변화는, 소녀가 엄마로 변하는 그 순간이다. 남자들은 그런 걸 경험 못 하기 때문에 나이를 먹어도 철이 안 든다"고 말해 논란이 일었다. 남성의 육아 참여가 늘어나는 시대 상황에 맞지 않고, 아이를 낳고 싶어도 낳지 못하는 비혼, 난임 여성을 고려하지 않았다는 비판이 쏟아졌다.

그러자 이낙연은 오후 페이스북에 해명성 글을 바로 띄웠다. 거의 모든 언론이 이낙연을 질타했다. 그는 "1982년 어느 날, 한 생명을 낳고 탈진해 누워있던 아내를 보면서 든 생각이었다"면서

"오늘 아침 강연에서 저는 삼십 대 초반에 제가 아버지가 됐던 당시 기억을 떠올리며 이 말을 꺼냈다. 누군가를 아프게 하거나 불편하게 하려는 뜻이 있을 리 없다"고 했다.

이낙연은 "제가 아버지가 됐던 40년 전과는 비교할 수 없을 만큼 세상은 변했다. 아버지들이 육아를 함께하고, 직장에도 출산 육아 휴직제도가 생겼고, 국가의 지원도 늘어났다"면서 "또 제가 30대이던 때와는 비교할 수 없을 만큼 삶의 모습과 선택은 다양해졌다. 성숙한 사회란 다양해진 선택들을 인정하고, 존중하는 사회라 생각한다. 정치의 역할은 모든 국민이 자신이 선택한 삶에 자부심을 갖고, 행복하게 누릴 수 있는 기반을 만드는 것이라고 생각한다"고 덧붙였다.

그는 "이번 일을 통해 많은 분들이 제게 깨우침을 주셨다. 잘 듣고, 더 가깝게 소통하겠다"면서 "저만의 경험으로 세상을 보려 하지 않는지 경계하며 더 넓게 우리 사회를 보겠다"고 했다. 그러면서 "아이를 낳고 키우는 과정이 여성만의 몫일 수 없다. 부모가 함께 해야 하고, 직장, 마을, 국가가 해야 한다"고 오전 발언에 대해 머리를 숙였다. 예전과 많이 달라진 모습이다. 시험대에 오른 것을 느낀 탓일 게다.

2020. 7. 2

이낙연 당권 찍고
대권 간다

　　　　　　　　　이낙연 전 총리의 당 대표 도전 소식이 27일
전해졌다. 예상된 수순이기는 하지만 충격파는 적지 않았다. 여
권 내 이낙연의 위상이 워낙 높기 때문이다. 가장 경쟁력 있는 대
권 후보로 당권까지 넘본다고 하니 경쟁자들은 신경이 쓰일 수
밖에 없다. 현재 당권에 눈독을 들이고 있는 우원식 홍영표 의원
이 그렇다. 지명도만 놓고 보면 이낙연이 이들에 비해 월등히 앞
선다.

이낙연의 인기가 높다고 해도 당 대표 선거는 마냥 안심할 수 있
는 처지는 아니다. 권역별 선거를 통해 최종 후보를 뽑는 대선 예
비 경선과 또 다르기 때문이다. 조직력이 탄탄하면 한 번 해볼 만

하다. 홍영표 우원식이 나선 이유이기도 하다. 둘 다 원내대표 경험이 있다. 당내 조직 기반도 상당한 것으로 알려져 있다. 호락호락한 상대는 아니라고 할까.

이낙연 측 관계자는 27일 "이 위원장(코로나19국난극복위원장)이 전대 출마 결심을 굳혔다"면서 "다만 출마 선언은 내주 초 정도가 돼야 할 것 같다"고 밝혔다. 출마를 기정사실화 한 셈이다. 이 위원장도 이날 기자들로부터 '전대 출마 결심을 했느냐'는 질문을 받고 "며칠 안에 말씀드리겠다"고 답했다. 출마 선언은 초읽기에 들어갔다고 할 수 있다.

이낙연은 두 마리 토끼를 잡는 전략을 선택했다. 당권까지 잡는다면 당내 지지기반을 확대하면서 대권주자로서 몸집을 불릴 수 있다. 그동안 '당권·대권 분리 규정'은 이 위원장이 당권 도전을 결정하는 데 부담으로 지적돼 왔다. 당권을 잡더라도 대선에 나서려면 임기 2년을 못 채우고 내년 3월에 중도 사퇴해야 한다. 대권 도전자는 선거일 1년 전에 사퇴하도록 한 규정 때문이다.

이낙연 측은 "코로나19 정국을 돌파하기 위해 이 위원장이 전대에 출마해야 한다는 의견이 당 안팎에 많다"면서 "책임을 피하지 않는 모습을 보여주는 것이 중요하다"고 말했다. 출마 입장 표명은 기자회견 형식이 될 가능성이 큰 것으로 전해졌다. 이와 관련,

한 관계자는 "왜 출마를 하는지 설명을 해야 할 텐데 백브리핑 형태보다는 정식 기자회견이 되지 않을까 싶다"고 설명했다.

앞서 문재인 대통령도 당권을 찍고 대선에 나갔다. 당 대표 경험이 대선 국면서도 그만큼 중요하다는 뜻이다. 당 대표까지 지내면 굳히기에 들어갈 수 있는 이점이 있다. 다음 대선 예비 후보로는 이재명 박원순 김경수 정세균 김부겸 등이 우선 꼽힌다. 이 중 당내 기반은 정세균이 가장 탄탄하다는 게 중론이다. 정세균도 다크호스로 부상할 수 있다는 얘기다.

이낙연의 당권 도전은 이런 경우의 수도 감안한 것으로 풀이된다. 비록 6~7개월짜리 당 대표라 하더라도 선거에서 유리하다고 판단한 까닭이다. 특히 대선 후보는 옛날 노무현이 되집기를 시도했 듯 의외의 결과가 나올 수도 있다. 따라서 최종 후보로 확정되기 전까지는 안심할 수 없는 게 대통령 후보 경선이기도 하다.

이낙연 측은 이번에 세불리기를 시도할 터. 생각보다 쉽지 않다는 점을 느낄지도 모른다. 정치는 생물이라서.

2020. 5. 28

국민들은
이낙연의 입도
주목한다

이낙연이 제 목소리를 내고 있다. 그래야 된
다. 그는 18일 "윤미향 사안을 엄중하게 보고 있다"고 했다. 다시
말해 윤미향의 거취를 압박한다고 할 수 있다. 정치는 바로 타이
밍이다. 그 기준은 국민의 눈높이다. 지금 국민은 윤미향에 대해
선을 넘었다고 보고 있다. 그럼 사퇴가 답이다.

나도 이낙연이 윤미향 사건에 대해 어떠한 입장을 갖고 있는지
궁금했다. 이처럼 정국 현안에 대해서도 자신의 목소리를 낼 필
요가 있다. 국민들은 이낙연에게 그것을 원한다. 이낙연의 말에
는 무게감이 실릴 수밖에 없다. 그래서 한마디 한마디 하는 데
신중을 기할 것으로 본다. 윤미향 건에 대해서는 충분히 입장을

밝혔다고 본다.

이낙연은 이날 광주에서 호남 지역 당선인들과 오찬 회동을 한 후 기자들로부터 윤 당선자 사안에 대한 견해를 질문받자 "엄중하게 보고 있다"면서 "당과 깊이 상의하고 있다"고 말했다. 그는 윤 당선자 관련 보도를 지켜보고 있느냐는 물음에는 "다는 아니지만 대체로 흐름은 알고 있다"고 덧붙였다. 그의 이 같은 언급은 여권의 가장 유력한 대권주자 발언이자 "사실관계 확인이 우선"이라는 당의 기본 입장과 차이가 있어 진의와 파장이 주목된다.

이낙연이 얼마 전부터 달라진 것은 사실이다. 그 전에는 두루뭉술한 답변으로 무슨 말인지 이해하기 어려운 때도 있었다. 그럼 책임을 지지 않으려고 한다는 지적을 받을 수 있다. 나도 이낙연에 대해 그런 점을 비판한 바 있다. 그러나 총리를 그만두고 종로에 출마하면서 조금씩 달라지기 시작했다. 강력한 대권주자로서 자기 목소리를 내고 있는 것이다.

이낙연이 현재 여야 통틀어 대권주자 선호도 압도적 1위이기는 하다. 하지만 이런 순위도 언제든지 바뀔 수 있는 게 정치다. 정치는 생물이라고 하지 않던가. 내가 민주당 대표 경선에 출마해야 한다고 강조하는 이유이기도 하다. 이제부터는 굳히기 전략을 써야 한다는 뜻이다. 권력이란 그렇다. 절대로 남이 잘 되는 것을 그대로 보지 않는다. 누가 언제 태클을 걸지 모른다.

공격이 최선의 방어라고 하지 않던가. 이낙연도 공격적으로 바뀌어야 한다. 방어적 자세를 취하면 안 된다. 비록 한 달 짜리 당 대표라 하더라도 경선에 나가야 한다. 경선을 통해 소속 의원들을 자기 사람으로 확실히 만들 수 있기 때문이다. 선거보다 더 좋은 기회는 없다. 지난번 총선을 통해 의원들과 소통을 한 적이 있다. 이제 더 많은 의원들과 소통을 해야 한다.

이낙연은 누가 뭐래도 현재 권력 2인자라고 힐 수 있다. 국민들이 그렇게 인정하고 있다. 이 눈치 저 눈치 볼 필요도 없다. 이낙연 정치를 해야 한다. 강단 있는 모습을 보여주면 더 인기를 끌 게다. 윤미향에 대해 직접 사퇴를 언급하는 것도 나쁘지 않다. 옳지 않은 것에 대해 일부러 침묵할 까닭은 없다. 이낙연은 언어 감각이 뛰어나다.

또 친문을 너무 의식하지 말라. 친문과 부딪칠 각오로 내 정치를 해야 한다. 대다수 국민들은 그것을 원한다. 명심하라.

2020. 5. 19

이낙연
당 대표 추대를
바라겠지만

이낙연은 당권 도전을 놓고 고민할 게다. 당권을 잡으면 금상첨화지만, 떨어지면 대권도전마저 날릴 수 있기 때문이다. 지금까지 이낙연 스타일로 보면 당권 도전에 나서지 않을 가능성도 있다. 그냥 대선으로 직행하는 게 안전하다고 볼 터. 리스크를 안을 필요가 없다는 뜻이다. 나는 이낙연 참모에게 당권 도전을 권유했다. 이제까지와 다른 모습을 보여 줄 필요가 있다는 의미에서다.

이낙연의 현재 지지율은 40% 안팎. 사실 뚜렷한 경쟁자가 없기는 하다. 그러나 대선까지 1년 10개월이나 남았다. 그동안 무슨 일이 생길지 모른다. 굳히기를 시도한다면 당권 도전에 나서야 한다. 떨어질 우려는 접어도 된다. 당내 뿌리가 약하다 해도 40% 지지율은 엄청나다. 국회의원들도 그것을 의식하지 않을 수 없을 게다. 이낙연은 친문을 의식하는 것 같다. 현재 당권 주자로는 송영길 홍영표 우원식 김부겸 김영춘 등이 거론된다. 이낙연보다 비중 있는 인물은 없다. 비록 6개월짜리 당 대표라 하더라도 도전해야 한다.

다른 주자들이 이낙연에게 당권을 양보할 리는 없다. 이낙연과 맞붙어 지더라도 그다지 손해날 게 없는 까닭이다. 이낙연은 내심 당 대표 추대를 바랄 것이다. 하지만 추대는 기대하기 어렵다. 당이 어려우면 몰라도 지금 한창 잘 나가고 있는데 추대는 맞지도 않다. 이낙연 측이 뜸을 들이고 있는 것은 확신이 서지 않아서 그럴 게다.

당 대표가 대권에 도전하려면 선거 1년 전에 사퇴해야 한다. 그러니까 내년 3월 전에 사퇴해야 한다는 뜻이다. 민주당의 당규가 그렇게 규정하고 있다. 이낙연에게 운신의 폭을 넓혀 주기 위해 당헌·당규를 개정해야 되는 것 아니냐는 목소리가 나오긴 한다. 하지만 특정 후보를 위해 당헌·당규를 개정하는 것은 어렵다는 게 중론이다. 전당대회 없이 이 전 총리를 추대해야 한다는 주장도 현실성이 적다. 특정 인사를 위해 당 전체가 움직이는 것은 어불성설이다. 다른 대권주자의 반발도 예상되며 이해찬 대표 역시

이 같은 방식에 부정적인 것으로 알려졌다.

이낙연은 언제쯤 결심할까. 당권 도전에 나서지 않을 것이라고 보도하는 언론도 있다. 그러나 이는 사실이 아니다. 아직 결심을 하지 않았다고 보아야 한다. 이낙연이 우유부단한 측면도 없지 않다. 당권, 대권에 도전하려면 이런 성향부터 바꾸어야 한다. 단호한 지도자의 모습을 보여 줄 필요가 있다. 구더기 무서워 장 못 담근다는 소리를 들어서야 되겠는가.

당권도, 대권도 쟁취해야 한다. 쉽게 생각하면 오산이다. 치열한 경쟁 끝에 그 자리를 차지해야 리더십도 더 생긴다. 그래서 정치는 생물이라고 한다.

2020. 5. 11

겸손하지 못한
이낙연의 행동

다음 대통령 가능성이 가장 높은 사람은 누구일까. 두말 할 것도 없이 이낙연이다. 그는 현재 40% 안팎의 지지율로 고공비행을 하고 있다. 2위권과 무려 30% 가까이 차이난다. 이런 추세라면 누가 이낙연을 따라 잡을 수 있겠는가. 나는 큰 이변이 없는 한 이낙연이 민주당 대선후보가 되리라고 본다. 경쟁자라고 할 수 있는 이재명 경기지사, 박원순 서울시장, 김경수 경남지사, 김부겸 의원 등은 경쟁력에서 한참 밀린다.

그동안 이낙연을 많이 비판했다. 최근들어 그를 다시 보기 시작한 것은 사실이다. 약간 평가도 했다. 그런데 또 다시 실망했다. 그에게 애정어린 충고를 하고자 한다. 먼저 언행일치를 당부한다.

이낙연은 선거운동 기간 도중 "한 없이 겸손해야 한다"고 강조한 바 있다. 일부 민주당 후보들의 막말이 터져나온 이후다. 하지만 이낙연은 자기가 한 말도 못 지키는 사람이 됐다. 어제 이천 화재 사건 분향소에 들렀다가 그랬다.

그 과정을 보자. 민주당 국난극복위원장이기도 한 이낙연은 5일 오후 3시 55분쯤 일반 조문객 자격으로 경기 이천시 서희청소년 문화센터에 마련된 이천 화재 참사 합동분향소를 찾았다. 그는 희생자 영정에 헌화하고 분향한 뒤 유족들과 면담했다. 이 자리에서 유족들은 "대책이 있느냐"며 건설현장의 안전관리 실태 등을 성토했다.

이에 이낙연은 "책임질 수 있는 말을 할 위치가 아니다. 다만 (유족들의 말씀을) 국회에 전하도록 하겠다"는 취지로 답했다. 이것은 면피에 불과하다. 그는 당선인 신분이기는 하지만, 차기 유력한 대권주자이자 직전 총리 출신이다. 유가족들의 말을 충분히 듣고 성실한 답변을 하는 게 옳았다. 또 다른 유가족들이 "대안이 있겠지 싶었는데 똑같은 반응이다", "국회의원들이 싸우는 동안 우리만 죽었다" 등 하소연을 이어가자 이낙연은 "말을 전하겠다"는 답변만 계속했다.

이낙연은 정부 대표나 여당 국회의원 자격으로 온 게 아니라 일반 조문객으로 찾은 만큼 구체적인 대책을 언급하지는 못했다는 게 측근들의 설명이다. 이 또한 잘못 판단한 것이다. 만약 그렇다면 차라리 가지 말았어야 한다. 유족들은 실력자가 왔으니 시원한 답변을 기대하지 않았겠는가. 이낙연은 그냥 당선인 신분이 아니다. 제일 강력한 대권주자여서 일거수일투족이 주목받는다는 사실을 알아야 한다.

면담 과정에서 화가 난 일부 유가족들은 자리를 떠나기도 했다. 이낙연은 "장난으로 왔겠느냐. 저는 국회의원도 아니고 일반 조문객"이라고 답했다. "사람 모아놓고 뭐 하는 거냐"는 항의에는 "제가 모은 게 아니지 않습니까"라고 했다. 다소 격앙된 분위기에서 한 유가족이 이낙연을 향해 "그럼 가라"고 하자 "가겠습니다"라고 분향소를 나왔다. 분향소에 들어간지 15분만이었다. 이는 이낙연이 큰 실수를 했다. 모름지기 대권주자라면 그 자리서 봉변을 당하더라도 더 경청을 했어야 했다. 오만으로 비칠 수도 있다. 이낙연도 더 겸손해야 한다.

2020. 5. 6

황교안이
이낙연을
넘지 못하는 이유

이번 총선 최대 관심지역은 서울 종로다. 민주당 이낙연, 통합당 황교안 후보가 붙었기 때문이다. 둘다 대선 주자들. 지는 쪽은 치명상을 입게 되어 있다. 이낙연이 다소 유리할 것으로는 보았지만, 황교안이 너무 무기력하다. 이낙연이 반사이익을 챙긴다고 할까. 황교안이 야당 대표로서 강한 모습을 보여주지 못한 것과 무관치 않다.

정치는 이미지도 굉장히 중요하다. 이미지 관리에서 황교안이 이낙연을 넘지 못했다. 물론 최종 결과는 알 수 없지만 이대로 선거가 끝날 경우 황교안이 국면을 바꾸기는 불가능해 보인다. 이낙연이 이길 것이라는 얘기다. 그 무덤은 황교안이 팠다. 누굴 탓할 수도 없다. 처음 종로에 뛰어들 때부터 마지못해 들어오는 인상을 풍겼다. 지는 게임을 한 셈이다.

SBS가 어제 저녁 여론조사 결과를 보도했다. 이제 더는 보도할 수 없다. 사실상 마지막 추이를 보여주었다고 하겠다. 이에 따르면 "내일이 선거일이라면 누구를 찍겠느냐"는 물음에 민주당 이낙연 후보 63.5%, 통합당 황교안 후보 26.7%로 나타났다. 이 후보가 황 후보를 36.8%포인트 차이로 크게 앞섰다. 지지 정당을 묻는 질문에는 민주당 53.8% 통합당 25%가 각각 나왔다. 두 후보 지지도 차이는 당 지지도 차이보다 더 나왔다. 당선 가능성을 묻는 질문에도 67.1%가 이낙연, 21.3%가 황교안이라고 응답했다. 이낙연이 절대적으로 우위에 있음을 알 수 있다.

한국일보의 조사도 본다. 이낙연은 관심 정치인과 대선 주자 모두 1위를 굳혔다. 그의 독무대라고 할까. '이번 선거 기간에 가장 관심이 가는 정치인'을 물은 결과, 이낙연(37.5%)이 제일 많이 꼽혔다. 황교안이 14.7%의 지지를 얻어 뒤를 이었지만 차이가 많이 난다. 이런 추세 때문인지 이낙연은 다소 여유 있게 전국 지원 유세를 하고 있다. 반면 황교안은 이낙연을 쫓느라 지역에 발이 묶여 있다.

이낙연은 차기 대선 주자 지지율 조사에서도 1위를 고수했다. '내

일이 대선일이라면 누구에게 투표하시겠습니까'라는 질문에서 이낙연은 31.5%를 기록했다. 지난해 6월 이후 한국일보·한국리서치가 실시한 4차례의 조사 중 그가 지지율 30%를 넘긴 것은 처음이다. 황교안(12.2%)의 지지율은 지난달 1,2일 조사(15.0%)보다 오히려 줄었다. 2위도 이재명(14.5%) 경기지사에게 내주었다. 황교안의 추락이라고 할 수 있다.

황교안은 왜 이 같은 성적표를 집어 들까. 야당 대표로서 리더십 부족을 드러냈다. 야당 대표는 싸움꾼이 되어야 한다. 차라리 홍준표가 선거를 이끌었다면 지금처럼 여당에 밀리지는 않을 게다. 김종인 선대위원장을 끌어들인 것도 시기적으로 너무 늦었다. 야당 지지자들이 홍준표를 다시 돌아오라고 할 것 같다. 좋은 호재가 널려 있는 데도 살리지 못했다. 황교안은 자기 지역구 때문에 다른 후보들 지원 사격도 못 나갔다. 이래서는 야당 지도자가 될 수 없다. 어려울 때 도움을 주는 것이 지도자상이다.

2020. 4. 10

독특한 정치인이기는 하다. 혈혈단신으로 다음 대선의 강력한 주자로 부상한 것도 사실이다. 그러나 너무 거칠다. 공격적이다. 오죽하면 분노조절 장애가 있는 것 아니냐는 지적을 받을까. 소탐대실할 가능성이 크다. 솔직히 대권 주자는커녕 경기지사직도 과분하다는 생각이 든다. 그러나 그것 역시 유권자의 선택에 달렸다. 풍운아는 맞다.

무죄 확정으로 '날개' 단 이재명, 안정감이 중요

이재명 경기지사의 족쇄가 완전히 풀렸다. 무죄가 확정됐기 때문이다. 이제 대선 가도의 걸림돌은 없다. 따라서 이재명은 대선 페달을 세게 밟을 것 같다. 그동안 그의 행보는 대선과 무관치 않았다. 족쇄도 풀린 만큼 향후 행보가 주목된다고 하겠다. 16일 발표된 갤럽 대권주자 여론조사에서도 1위를 유지했다. 앞으론 더 탄력을 받지 않을까 생각한다.

이재명은 자신과의 싸움도 중요하다. 그는 독자적인 세력을 구축하고 있다. 20%대의 지지율을 갖고 있다. 엄청난 재산이 아닐 수 없다. 현재 이재명 이외에 그런 후보가 없다. 이낙연도 친문이 마음을 돌리면 안심할 처지가 못 된다. 이재명이 민주당 대선후보

경쟁에서 다소 유리한 이유다. 최종 2인에 들 것은 틀림 없다는 얘기다. 나머지 한 명이 누가 될 것이냐가 관심사다.

수원고법 제2형사부(부장판사 심담)는 이날 오전 공직선거법상 허위사실공표 혐의 등으로 기소된 이 지사에 대한 파기환송심 선고 공판에서 무죄를 확정했다. 재판부는 "토론회 당시 피고인 발언 내용을 보면 의혹을 제기하는 상대 후보자 질문에 대한 답변일 뿐, 적극적·일방적으로 널리 알리려는 공표행위라고 볼 수 없다"고 밝혔다. 이어 "대법원판결 후 새로운 증거가 제출된 바 없으므로, 기속력(임의로 대법원판결을 철회하거나 변경할 수 없는 구속력)에 따라 판결한다"고 말했다.

이 지사는 재판에 앞서 "선고는 겸허하게 기다리겠다"면서도 "코로나19에 국정감사에 정말로 많은 일이 기다리고 있는데 이런 재판 때문에 자꾸 시간을 많이 소모하게 돼서 정말로 아쉽고 또 죄송하다. 이제 그만했으면 좋겠다"고 말했다. 그는 성남시장 재임 시절인 2012년 6월 보건소장, 정신과 전문의 등에게 친형을 정신병원에 강제 입원시키도록 지시한 혐의(직권남용 권리행사방해)와 2018년 지방선거를 앞두고 열린 TV 토론회에서 '친형을 강제입원 시키려고 한 적이 없다'는 취지의 허위 발언을 한 혐의(공직선거법상 허위사실공표)로 기소됐었다.

1심은 이를 모두 무죄로 판단했으나, 2심은 '친형 강제입원'에 대한 공직선거법상 허위사실공표죄 혐의를 유죄로 판단해 이 지사에게 당선무효형에 해당하는 벌금 300만원을 선고했다. 하지만 대법원은 지난 7월 2심 판결에 대한 무죄취지의 '파기환송' 결정을 내렸다. 재판부는 "이 지사가 토론회에서 친형의 강제입원에 대해 발언한 것은 적극적으로 반대사실을 공표한 것으로 평가할 수 없다. 원심의 판단에는 공직선거법 제250조 제1항을 오해해 판결에 영향을 미친 잘못이 있다"며 사건을 수원고법으로 돌려보냈다.

이재명은 이번 판결로 공판 리스크는 벗어났다. 대권 청사진을 완성하면서 대선 행보에 박차를 가할 것 같다. 그러나 한계도 분명 있다. 너무 거친 점은 약점으로 꼽힌다. 극성 지지자 말고는 등을 돌리기 때문이다. 그가 극복해야 할 과제이기도 하다. 이재명은 지지율이 30%를 돌파할 수 있도록 머리를 짜내야 한다. 20%대 지지율로는 안심할 수 없어서다.

어쨌든 이재명은 지난 대선보다 부쩍 성장한 게 사실이다. 실수도 줄일 필요가 있다. 안정감을 심어주는 게 중요하다. 대통령이 되려면.

2020. 10. 16

이재명 정치도
평가할
구석은 있다

나는 이재명 경기지사는 정치를 하지 말았어야 한다고 줄곧 주장해 왔다. 지금도 그 같은 생각에 변함은 없다. 내가 가장 먼저 문제 삼는 것은 그의 인성이다. 하나를 보면 열을 안다는 속담이 있다. 그가 형수와 전화한 녹취록을 모두 들은 결과다. 집안도 알 수 있었다. 내 상식으로는 도저히 이해할 수 없었다. 수신제가치국평천하라는 말이 무색할 정도다.

내가 나무란다고 이재명은 정치를 그만 둘 사람이 아니다. 내 눈에 비친 그를 평가할 뿐이다. 나도 이재명의 정치적 감각은 평가한다. 현재 대권주자 선호도 1·2위를 다투는 이낙연 민주당 대표 못지 않다. 아니 더 낫다고 할 수 있다. 적어도 이재명은 자기 정치를 한다. 20%의 견고한 지지층이 있다. 정치인에게 굉장한 자산이 아닐 수 없다.

이낙연의 지지율은 쉽게 무너질 가능성도 있다. 현재는 친문이 대안부재로 이낙연을 민다고 할 수 있다. 친문 그룹에서 또 다른 주자가 뜨면 상황이 달라질 수 있다. 그 다크호스는 김경수 경남지사다. 김 지사가 11월 6일 항소심에서 무죄를 선고받으면 친문도 움직일 것 같다. 정세균 총리의 부상도 눈여겨 볼 대목이다. 이재명은 이들 셋과 지지층이 다르다. 그것은 장점이 아닐 수 없다.

이재명은 정공법을 쓴다. 그것 역시 큰 장점이다. 강단 있는 지도자로 비칠 수 있다. 자기 마음에 들지 않으면 그냥 공격한다. 그러다 보니 손해도 본다. 하지만 그의 지지층은 그런 이재명을 좋아한다. 팬 관리라고도 할 수 있겠다. 이슈 선점도 잘 한다. 한 발 앞서가는 경향이 있다. 이것 또한 무시할 수 없다. 표로도 연결되기 때문이다.

방탄소년단BTS의 병역 문제에 대해서도 말을 했다. 이재명은 10일 페이스북에 올린 'BTS만큼 멋진 '아미'를 응원합니다'는 글을 통해 "병역의무는 대한민국 남성 모두에게 있다. 생계 곤란, 장애 등 불가피한 경우를 빼고는 예외를 두어선 안 된다"면서 "'군

복무를 회피하지 않고 원칙대로 해야 한다'는 '아미'의 뜻은 최근 우리 사회의 주요 화두인 공정이라는 가치에 더없이 부합한다"고 치켜세웠다.

아미는 국내 그룹 방탄소년단BTS의 팬클럽 이름이다. BTS가 세계적 그룹이 된 것도 아미의 성원에 힘 입은 바 크다. 국내 뿐만 아니라 전세계 젊은이들이 참여하고 있다. 이재명은 아미도 이번에 처음 알았다고 한다. 그가 아미를 칭찬함으로써 BTS 팬들과도 가까워졌을 것으로 본다. 이재명은 이런 데 아주 능하다. 다른 어떤 정치인보다 앞서가고 있다.

이재명은 "팬카페 운영자 인터뷰나 팬을 자처하는 각종 댓글을 보면, 아미는 'BTS가 이미 '병역의무를 다하겠다'는 입장을 밝혔는데, 마치 혜택을 원하는 것처럼 정치인들이 호도하고 있다'며 기성 정치권을 호되게 나무라고 있다"면서 "이런 팬을 둔 BTS는 참으로 행복할 것 같다. 아버지뻘 아저씨가 한 수 배운다"고 했다. 그의 인간다운 모습도 읽힌다. 정치인은 이처럼 '팬심'도 읽을 줄 알아야 한다. 그 점에서 이재명을 따를 자는 없다.

2020. 10. 11

이재명은
비겁한 사람이다

나는 줄곧 이재명 경기지사를 비판해 왔다. 대권주자는 물론 경기지사로도 적합하지 않다고. 무엇보다 너무 거칠다. 자기만 안다. 남을 배려할 줄 모른다고 할까. 배려는 지도자에게 가장 요구되는 대목이라고 할 수 있다. 자기를 비판하거나 공격하면 가만히 있지 않는다. 바로 한 판 붙자고 한다. 그런 그도 친문의 눈치는 슬슬 살핀다. 비겁한 사람의 전형이다.

만약 이재명이 대권을 잡는다면 문재인 대통령보다 더할 사람이다. 아마 국민도 공격할지 모른다. 아니 충분히 그럴 가능성이 있다. 그리고 누구를 가르치려 든다. 아주 나쁜 버릇이다. 지도자는 귀를 열고 더 많이 들어야 한다. 자기와 생각이 다르다 하더라도 경청하는 자세가 필요하다. 이재명은 기본조차 망각하고 있는 셈이다.

최근 지역화폐 사용을 두고 국민의힘 의원들과 언쟁을 주고 받고 있다. 윤희숙 의원은 19일 페이스북에서 이 지사의 한국조세재정연구원(조세연) 비판에 대해 "전문가의 분석 결과가 마음에 들지 않는다고 지자체장이 비난하고 위협하면서 우리 정치의 고질적 문제가 드러났다"고 주장했다. 이어 "권력을 가진 이들이 전문가집단을 힘으로 찍어누르려 하는 것은 한 나라의 지적 인프라를 위협하는 일인 동시에 전문성의 소중함에 대한 본인들 식견의 얕음을 내보이는 일"이라고 일갈했다.

경제학자인 윤 의원은 조세연의 보고서에 대해 "분석과 서술방식 모두 잘 쓰인 보고서"라고 이재명과 의견을 달리했다. 학자적 관점에서 평가한 것이다. 그러면서 "지자체에 (지역화폐가) 확산하면 의도했던 장점은 줄고 단점만 심화될 수 있다"면서 "이 단계가 되면 중앙정부가 나서 교통정리를 하는 것이 필요하고, 이번 조세연의 보고서는 이점을 우려해 중앙정부를 향해 제언한 내용"이라고 감쌌다.

같은 당 장제원 의원도 페이스북을 통해 "상대가 좀 과한 표현을 했다고 더 과하게 돌려줘야만 직성이 풀리는 것이 소인배의 모습이지 군자의 모습은 아니지 않나"라면서 "잘못된 일에 대한 '공적 분노'가 없으면 공인이 아니다. 그러나 '감정적 대응'과 '공적 분노'는 구별하셔야 할 것 같다"고 가세했다. 소인배 같다는 지적도 공감할 만하다.

이재명이 조국, 추미애 사태에 대해서는 한마디도 하지 않고 있다. 이 또한 비겁한 일이다. 온 나라가 둘 때문에 들썩거리고 있는 데도 침묵한다. 하태경 의원도 이날 "강자에겐 약하고 약자에겐 강한 전형적인 강약약강強弱弱強"이라며 "조국과 추미애 장관 문제에 입도 뻥긋 않던 이 지사가 힘없는 연구기관은 쥐잡듯이 적폐몰이 하고 있다"고 꼬집었다.

이재명은 강자인 친문권력에겐 한없이 조아리고 약자들 비판엔 조폭처럼 가혹하다. 강자에겐 약하고 약자에겐 강한 전형적인 선택적 분노가 아닐 수 없다. 그것을 이재명 자신은 모른다. 그러니까 철부지처럼 "한 판 붙자"고 할 게다. 그런 사람이 대권주자라고 떠드는 현실에 답답함을 느낀다.

2020. 9. 20

김부선,
또 이재명 물었다

경기지사 이재명이 가장 껄끄러운 사람은 누구일까. 영화배우 김부선이 아닐까 싶다. 여배우와의 스캔들은 없어지지 않기 때문이다. 비록 증거 불충분으로 불기소 됐지만, 그 사실마저 없어지지는 않았다. 이재명은 자다가도 김부선 생각하면 벌떡 일어날 것 같다. 또 김부선은 집요하다. 잊혀질만 하면 나타나곤 한다. 아마 대선 때까지 이럴 가능성이 높다.

김부선이 이재명을 저격했다. 그는 9일 페이스북에서 "3년째 수입이 없어 은행에서 매년 주택대출 받고 견딘다. 이자 돈 생각하면 먹다 체하기도 한다. 자, 이재명에게 묻는다. 나같은 실업자 연기자는, 미혼모는 정부재난기금 대상인가 아닌가. 응답하라"고 말했다. 이재명이 재난지원금 지급에 앞장서자 에둘러 비판한 듯하다.

김부선은 댓글을 통해 "대한민국 정부는 미혼모에게 정부지원금 매월 얼마 지급하는지 아시나요. 놀라지 마시라. 월 오만원이라고 한다. 물론 10년 전 기준"이라고 적었다. 아울러 "10배가 올랐다 쳐도 50만원은 미혼모 가족 열흘 식사값 밖에 안 된다. 이러니 세계인이 조롱하는 것"이라며 "고관대작 마님들 성형과 사치에 발좀 끊고 이런 가족들도 고민해 줬으면 좋겠다"라고 꼬집었다.

이낙연 민주당 대표와 이재명 경기도지사가 2차 재난지원금 선별 지급 결정을 두고 신경전을 벌인 바 있다. 이재명은 "문재인 정부와 민주당에 대한 원망과 배신감이 불길처럼 퍼질 것"이라며 "백성은 가난보다 불공정에 분노한다"고 비판했다. 그러자 문재인 대통령도 "한정된 재원으로 효과를 극대화 하기 위한 불가피한 선택"이라고 말했다.

나는 여전히 이재명은 대권주자로서 자격이 없다고 생각한다. 그를 보면 선전꾼이 생각난다. 뚝심도 없다. 상황에 따라 왔다갔다 한다. 그런 사람이 대권주자로 부각되는 게 아이러니다. 무엇보다 대통령을 할 사람은 안정감이 있어야 한다. 선전선동꾼은 안 된다. 국민들도 잘 보아야 한다. 말이 앞서는 사람은 곤란하다.

이재명은 김부선에게 인간적으로 사과할 필요가 있다. 법적인 문제와는 또 다르다. 나는 김부선이 이재명과 만남 자체에 대해서는 거짓말을 한다고 보지 않는다. 그런데 이재명은 그것마저도 부인하고 있다. 김부선도 이재명이 사과하면 이렇게까지는 나오지 않을 것이다. 이재명도 걸핏하면 페이스북에 글을 올린다. 김부선과의 관계도 솔직하게 밝히고, 사과할 일이 있으면 사과하는게 도리 아닐까.

특히 정치인은 정직해야 한다. 숨긴다고 될 일이 있고, 안 될 일이 있다. 형수에게 한 욕설도 녹음이 없으면 안 했다고 했을 지도 모른다. 나는 그것을 들은 뒤 이재명은 안 되겠다고 나름 판단을 했다. 아직 들어보지 못했으면 꼭 들어보고 이재명에 대한 판단을 다시 했으면 한다. 사실 경기지사가 된 것도 비극이다. 공인에게는 갖추어야 할 덕목이 있다. 쌍욕을 해대는 사람이 경기지사, 나아가 대권주자로 거론되는 게 우리 정치의 현실인지도 모르겠다.

2020. 9. 10

이재명의
한계 드러냈다

#1: "문재인 정부와 민주당, 나아가 국가와 공동체에 대한 원망과 배신감이 불길처럼 퍼져가는 것이 제 눈에는 뚜렷이 보인다" 이재명 경기지사가 6일 오전 페이스북에 올린 글이다. 문재인 정부를 작심하고 비판한 것. 2차 재난지원금 지급과 관련해서다. 정부가 맞춤형 지급, 즉 선별 지급 쪽으로 방향을 틀자 비판에 나섰다. 이재명의 주장처럼 전 국민에게 주면 일도 훨씬 수월하다. 그러나 더 피해를 본 사람들에게 주는 것이 맞다고 본다. 이재명이 논란에 불을 지핀다고 할까. 자기 인기만을 위해 그렇다. 이재명도 자제하라.

#2: 정부가 2차 재난지원금을 보편적 지급 대신 선별적 맞춤형

지급으로 결정하자 이재명이 못마땅해 하고 있다. 연일 페이스북을 통해 자신의 입장을 밝히고 있다. 물론 이재명도 그렇게 할 수 있다. 그러나 이재명은 유력 대권주자여서 그 무게감은 일반인과 다르다. 그래서 이재명도 페이스북에 잇따라 글을 올릴 터. 이재명의 의도는 분명하다. 코로나 정국에서 자기의 입지를 더 다지는 것. 그 이상도 이하도 아니다. 그의 주장은 궤변에 불과하다. 누구를 위하는 척 하지만 결국 자기를 잘 봐달라는 얘기다. 돈을 준다는 데 싫어할 국민은 없다. 하지만 그 돈도 더 유익하게 쓰여져야 한다. 정부가 선별적 지급을 택한 이유랄까. 이재명은 더 이상 분란을 만들지 말라.

어제 내가 페이스북에 올린 글이다. 이재명의 하는 짓이 정말 마음에 들지 않는다. 그는 늘 자기 합리화를 시도한다. 무언가에 쫓기는 것 같은 느낌도 들게 한다. 정서 불안 증세가 있는 것 같기도 하다. 아직 똥볼을 세게 차지는 않았지만, 앞으로 그럴 가능성이 크다. 그럼 유권자들은 어떻게 느끼겠는가. 대권주자로 여기지 않을 게다.

이재명은 현재 이낙연과 함께 대권주자 선호도 1·2위를 다툰다. 코로나가 터진 뒤 크게 재미를 보았다고 해도 과언이 아니다. 1차 재난지원금도 그가 처음 불을 지폈다. 그리고 전 국민에게 지급됐다. 덩달아 그의 지지율도 올랐다. 코로나 현장 방문도 자주 했다. 강력한 지도자 상을 보여준 것도 사실이다. 대선을 염두에 두고 있음은 말할 것도 없다.

여세를 몰아 2차 재난지원금도 전 국민에게 주자고 주장했다. 하지만 이번에는 번짓수를 잘못 짚었다. 자신의 주장이 물건너가자 아쉬움을 토로하면서 또 다시 정부와 틈벌리기를 시도했다. 이 과정에서 문 대통령까지 직접 겨냥한 것이다. 문 대통령 지지자들은 이재명을 향해 거친 언사로 비판했다. 너무 나댄다고도 했다.

"저런 ××가 대통령한다고 꺼부적대는거보니 말세다. 소신도 이 시류에 승하고. 그때그때 달라지는 인간이. 저런 인간이 도지사라니 에라이~~" "어처구니가 없네. 귀하는 카멜레온이냐? 아니면 원숭이냐? 아니면 사기꾼이냐? 답 좀해주시오, 이 지사." "인기위주 선심성 발언했다가 민주당 발끈하고 여론 안 좋으니 금방 납작 엎드려 간보는 이중성. 딱 그릇이 거기까지다." 이런 댓글이 주류를 이루었다. 이재명의 한계인지도 모르겠다.

2020. 9. 7

신동근 민주당 최고위원,
"이재명 참 딱하다"

이재명 경기도지사가 민주당 최고위원에게마저 조롱을 당하고 있다. 전국민에게 30만원씩 2차 재난지원금을 주자고 주장했다가 한 발 물러나 10만원씩만이라도 주면 좋겠다고 해서다. 이재명은 자신의 소신이 관철될 것 같지 않자 이 같은 타협안을 제시했던 것. 그러나 누가 보더라도 설득력이 약하다. 10만원이 적은 돈은 아니지만, 재난지원금의 의미가 없어 보이기는 하다.

재난지원금이란 무엇인가. 정말 재난을 당해 꼭 필요한 사람에게 돌아가는 것이 맞다. 이번 코로나로 전 국민이 고통을 겪고 있는 것도 다 안다. 하지만 영세 상인과 중소 자영업자들의 고통이 훨

썬 심하다. 다 죽겠다고 난리다. 오죽하면 나에게도 관련 칼럼을 써달라고 부탁들 할까. 그만큼 어렵다는 얘기이기도 하다. 따라서 이들을 위한 특단의 대책을 마련해야 한다. 그것이 옳은 방향이라고 본다.

이재명의 의도는 분명하다. 이참에 전국적으로 주목받는 정치인이 되고 싶었을 게다. 1차 재난지원금을 지급할 때도 이재명이 앞장서 주장했다. 전 국민에게 재난지원금을 지급하자고. 그러면서 이재명이 주목을 받은 것도 사실이다. 이재명이 간과한 측면도 있다. 정부로서는 재정도 생각해야 하고, 재난지원금의 용도도 분명히 할 필요가 있다. 누구에게나 주는 것은 원래 목적과 다르기도 하다.

오죽하면 민주당 최고위원이 이재명을 비판할까. 신동근 최고위원은 홍남기 부총리 겸 기획재정부 장관에게 "국민 1인당 2차 재난지원금으로 10만 원씩 주자"고 제안한 이재명을 향해 "참 딱하다"고 꼬집었다. 그는 4일 오후 날린 트위터에서 이 지사의 2차 재난지원금 절충안 관련 보도를 언급하며 이같이 적었다.

신 최고위원은 "재난기본소득. 철학으로 보나 정책으로 보나 납득이 안 가는데… 왜 미련을 못 버리시는지. 이미 게임 끝인데"라며 "제대로 주먹을 날리려면 때론 뒤로 물러나야 한다. 하지만 너무 물러나면 주먹을 날릴 수 없다"고 훈수를 두었다. 이재명이 기본개념도 없다고 나무란 것이다. 나도 신 최고위원의 지적에 동의한다.

앞서 이재명은 페이스북을 통해 "정책결정과정에서 소신을 피력하지만 일단 결정되면 그 정책이 잘 집행되도록 당과 정부의 일원으로서 이를 수용하고 따르겠다는 것 뿐, 보편지원 소신에는 변함이 없으니 이를 두고 소신을 꺾었다고 곡해하며 비난하지 마시기 바란다"고 강조했다. 자신의 뜻이 수포로 돌아갈 것 같자 스스로 명분을 만들었다고 할 수 있다.

그는 "준비된 재난지원금이 8조 원이라면 국민 1인당 10만 원씩 3개월 시한부로 주고 나머지로는 선별 핀셋지원하는 절충적 방안도 검토해 주시기 바란다"고 홍 부총리에게 제안했다. 미련을 버리지 못 하겠다는 것처럼 비친다. 왜 이처럼 구질구질할까. 정부가 선별지급 방침을 세웠는 데도 그렇다. "딱하다"는 표현이 딱 맞다.

2020. 9. 5

이재명이
철이 없긴 하다

이재명 경기지사를 보면 왠지 불안불안하다. 바닷가에 내놓은 어린 아이 같다고 할까. 곧 사고를 칠 것 같은 느낌도 든다. 안정감이 없다는 뜻이다. 지금 그런 사람이 대권주자 선호도 1위다. 뭔가 잘못 돼도 크게 잘못 됐다. 국민들이 그를 몰라서 그럴 지도 모른다. 그의 실제 모습이 하나씩 벗겨지면 상황이 바뀔 가능성도 높다.

8월 31일 국회에서는 재미 있는 장면이 연출됐다. 야당 의원이 "철이 없다"고 이재명을 꼬집자 홍남기 경제부총리가 "그렇다"고 맞장구 쳤다. 오죽하면 그러겠는가. 홍 부총리가 박수를 받을 것 같다. 소신 있는 장관이라고. 이처럼 이재명도 임자를 만나야 한다. 이재명이 홍 부총리를 어떻게 보복할지 궁금하다. 이재명도 그런 것을 보면 못 참는 성격이다.

그 장면을 한 번 보자. 홍 부총리는 이날 국회 예산결산특별위원회에서 미래통합당 임이자 의원이 "최근 이 지사가 30만원씩 전국민에게 50번, 100번을(전국민에게) 줘도 재정건전성을 우려할 필요가 없다고 했다"면서 "50회면 750조원에 100회면 1500조원이다. 이렇게 줘도 상관없다는 이 지사의 말에 대해 어떻게 생각하느냐"고 물었다. 이에 홍 부총리는 "저도(이 지사의 주장을) 신문 보도상으로 들었는데, 그건 책임 없는 발언"이라고 했다. 이어 임 의원이 "아주 철없는 발언이죠?"라고 재차 묻자, 홍 부총리는 "그렇게 생각한다. 자칫 잘못하면 국민에게 오해의 소지를 줄 수 있는 발언"이라고 했다. 임 의원은 "그런 분이 대선 지지도 1위다. 걱정이 된다"고 했다.

이보다 앞서 이 지사는 연일 전국민에게 2차 재난지원금을 지급해야 한다고 주장했다. 그는 8월 28일 MBC 라디오에 나와 "단언하는데 재난지원금을 30만원씩 50번, 100번 지급해도 서구 선진국의 국가부채비율에 도달하지 않는다"고 강조했다. 2차 재난지원금 선별 지급을 주장하는 여당 일각과 야당의 주장에 대해선 "실제로는 복지총량을 줄여 부자의 세금 부담을 줄이고 복지 확대를 막으려는 의도"라고 했다.

이재명의 얘기를 듣고 내 귀를 의심했다. 이게 할 소리인가. 국가 재정은 꼼꼼해야 한다. 곳간 살림을 함부로 퍼 나르거나 쓰면 안 된다. 그것은 재정을 책임진 경제부총리로서 당연히 할 말이다. 홍 부총리가 주저 없이 야당 의원의 주장에 동조한 것만 보더라도 알 수 있다. 이에 따라 이재명은 졸지에 철 없는 사람이 됐다. 적절한 비유라고 생각한다.

그동안 이재명은 시원한 발언으로 재미를 보았다. 1차 재난지원금도 그랬다. 잘한다 잘한다 하니까 이제는 보이는 게 없는 것 같기도 하다. 막 나간다. 그럼 국민들이 계속 박수를 칠까. 그렇지 않다. 우리 국민들은 굉장히 분별력이 뛰어나다. 이재명의 속셈을 금방 알아차린다. 이재명의 주장은 "생색내기용 쇼"라고.

이제 국민들도 이재명을 잘 보아야 한다. 그런 사람에게 정권을 맡길 수 있는지. 형수에게 한 욕설 등 한 두 건이 아니지 않는가.

2020. 9. 1

이재명의
친문親文 때리기
맞다

"정당은 조폭이나 군대도 아니고 특정인의 소유도 아닙니다" 이재명 경기도지사가 어제 페이스북에 올린 글의 제목이다. 이재명이 불만이 있었기에 이 같은 글을 올렸을 것으로 본다. 여러 가지 해석을 낳았다. 그는 현재 대권주자 중 여야 통틀어 1~2위를 달리고 있다. 그의 한마디 한마디는 관심을 끌 수밖에 없다. 이를 갖고 해석하는 것은 언론의 몫이기도 하다.

나는 이재명을 무척 싫어한다. 하지만 정치는 현실이다. 유력 대권주자로 자리매김한 것은 인정하지 않을 수 없다. 그를 지지하는 것도 자유이기 때문이다. 이재명은 말이 직설적이다. 돌려 말하지 않는다. 그게 장점이 될 수 있고, 악재가 될 수도 있다. 어제

글의 제목만 보자. 제목은 모든 내용을 압축한다고 할 수 있다. 다분히 문재인 대통령과 친문을 겨냥했다고 볼 수 있다.

이재명은 26일 그런 의도가 아니며 언론들이 곡해하고 있다고 주장했다. 많은 사람들이 나처럼 보았을 터. 언론들도 크게 다르지 않았다. 이재명의 치고 빠지기 수법으로 볼 수 있다. 이런 메시지를 던지면, 강한 지도자 인상을 받게 된다. "드디어 이재명이 반기를 들었다"는 추론이 가능한 대목이다. 이재명으로선 나쁠 게 없다. 일거양득이라고 할 수 있다.

이재명 지지자들을 더 뭉치게 할 수 있다. 이재명 역시 '대깨문' 못지 않은 지지세력이 있다. 이를 '이빠'라고도 한다. 문 대통령에게 '문빠'가 있듯이. 이것 역시 내로남불이다. 문빠는 조폭과 같고, 이재명 지지자는 그렇지 않다는 것. 언론들은 이런 점을 지적하고 나섰다. 해석도 이재명 입맛에 맞도록 할 필요는 없다. 앞으로도 이런 일이 자주 있을 것 같다.

여기서 특정인은 누구일까. 이재명 측은 문 대통령이 아니라고 주장한다. 민주당 당적을 가진 사람 중 특정인이라고 할 만한 사람은 문 대통령밖에 없다. 이낙연도, 이해찬도 특정인 반열에는 오르지 못 했다. 오히려 이재명 자신이 특정인이라고 할 수 있다. 대권주자 선호도 1위라면, 그 사람이 특정인 급에 해당되지 않을까. 이재명이 반문의 선두에 서 있음은 부인하지 못할 게다. 그 자신도 친문이라고 할 리 없어서다.

이재명이 재주는 있다. 이슈 선점에 관한 국내 최고 수준이다. 이것 역시 능력이다. 그 같은 이재명의 메시지에 환호를 보내기도 한다. 2차 재난지원금도 이재명이 맨 처음 불을 지폈다. 화두를 만들어내는 능력이 있다. 사실 논란을 증폭시킬 수 있는 것도 능력이 있어야 가능하다. 이재명은 이낙연과의 격차를 벌리려고 할 것이다. 이낙연의 반격도 주목된다.

2020. 8. 26

F학점의 그들

이재명 1위,
이낙연은 그저
보고만 있었다

　　'이재명이 이낙연 곧 제친다' 내가 지난 7월 29일 쓴 오풍연 칼럼이다. 당시 이 칼럼을 주목한 사람들은 그리 많지 않았을 것이다. 이낙연 캠프도 그랬을 터. 하지만 나는 2주 안에 뒤집혀 질 것으로 봤다. 정확히 내 예상이 맞아 떨어졌다. 여론의 흐름을 보면 어느 정도 추측이 가능하다. 이낙연 측은 그런 경고음이 울렸는데도 그저 보고만 있었다고 할까.

　　"이낙연과 이재명이 오차범위내 초접전을 벌이고 있다. 금방이라도 뒤집힐 기세다. 8월 중 역전될 가능성이 크다. 이재명의 기세가 무섭기 때문이다. 지지율 이란 게 그렇다. 달아나는 사람은 급하고, 쫓아가는 사람이 더 여유가 있다." 내가 내다보았던 추론이다. 정치부 기자를 오래 하면서 얻은 경험칙 상 그랬다.

대권주자 선호도 조사에서 이재명이 14일 1위로 올라섰다. 나는 이 같은 변화를 예상했었다. 이낙연 대세론이 꺾였다고 할 수 있다. 이재명 19%, 이낙연 17%였다. 이낙연 캠프에 비상이 걸릴 것 같다. 이낙연은 스스로 무덤을 팠다. 자기 색깔을 내보이지 못 했다. 이슈마다 뒷북을 쳤다. 이런 유형은 환영받지 못 한다. 너무 신중한 나머지 주도권을 빼앗겼다. 전당대회에도 영향을 줄 듯 하다. 1위를 안심할 수 없게 됐다. 판세가 요동칠 지도 모르겠다.

이낙연 같은 사람을 헛똑똑이라고 한다. 자기도 그 이유를 알면서 시정하지 못하니 바보라고 할 만한다. 이날도 추상적인 얘기를 했다. 책임이 자기한테 있는데 이런 저런 이유를 댄다. 해설을 쓴다고 할까. 그것은 언론이 하는 일이다. 직접 그라운드에서 뛰는 사람이 해설을 쓰니 잘 될 리 없다. 이낙연의 한계라고 생각한다. 물론 선호도는 엎치락뒤치락 할 가능성이 크다.

정치는 주도권을 쥐는 게 중요하다. 이낙연은 이미 이재명에게 그것을 빼앗겼다. 이재명은 자생력이 뛰어나다. 문재인 대통령의 지지율과 상관 없다고 할 수 있다. 그러나 이낙연은 다르다. 문 대통령의 지지율이 떨어지면 영향을 받을 수밖에 없다. 이낙연 스스로 그 우산 밑으로 들어가려 하기 때문이다. 문 대통령 지지율이 나아지기 어려울 것으로 본다. 그럼 이낙연도 정체성을 면하기 쉽지 않을 듯 하다.

이낙연은 당 대표가 되면 달라질 것이라고 한다. 그것은 누구나 할 수 있는 말이다. 민주당도 변화가 필요하다. 나는 박주민을 싫어하지만 차라리 박주민 같은 사람이 당 대표가 되어 변화를 이끌면 더 좋을지 모른다는 생각도 든다. 지금 민주당은 변화가 필요하다. 총선 압승으로 거대 정당이 됐지만 왠지 모르게 생동감이 없다. 늙은 소 같다.

이재명은 계속 치고 나갈 것이다. 의제 설정 및 추진력은 이낙연을 훨씬 압도한다. 이낙연에게서 찾기 어려운 대목이다. 대통령은 그렇다. 쟁취해야 자기 것이 된다. 누가 도와주기를 바라면 그 때는 이미 늦다. 이낙연이 그런 경우가 아닌가 싶다. 이낙연은 전략을 전면 수정해야 한다. 그렇지 않으면 대권 경쟁에서 영원히 밀릴 수도 있다. 그게 정치다.

2020. 8. 15

이재명이
이낙연 곧 제친다

이낙연 23.0% 이재명 21.8% 윤석열 15.5%. 29일 발표된 대권주자 선호도에 대한 데일리안 여론조사 결과다. 3강 속 이낙연과 이재명이 오차범위내 초접전을 벌이고 있다. 금 방이라도 뒤집힐 기세다. 8월 중 역전될 가능성이 크다. 이재명의 기세가 무섭기 때문이다. 지지율 이란 게 그렇다. 달아나는 사람 은 급하고, 쫓아가는 사람이 더 여유가 있다.

3강 말고는 고만고만하다. 이번에는 16명을 대상으로 조사를 했 다. 홍준표 무소속 의원 5.8%, 안철수 국민의당 대표 5.5%, 황교 안 미래통합당 전 대표 4.2%, 오세훈 전 서울특별시장 4.1%로 중위권 그룹을 형성했다. 그 뒤로는 유승민 전 의원 2.5%, 나경원 통합당 전 원내대표 1.7%, 원희룡 제주도지사 1.2%, 홍정욱 전 의원 0.6%, 김경수 경남도지사·김부겸 민주당 전 의원·김태호 무소속 의원 0.5%, 정세균 국무총리 0.3%, 김동연 전 경제부총리 0.2% 순이었다.

이 같은 추세가 대선 때까지 갈 리는 없다. 현재 3강이 다크호스인 것 만큼은 틀림 없다. 기본적으로 10% 이상의 지지율은 유지할 것으로 본다. 그럼 나머지 주자 가운데 누가 치고 올라오느냐다. 나는 정세균 원희룡 홍정욱 등이 상승세를 타지 않을까 생각한다. 정세균은 6선에 국회의장까지 지냈지만 이름이 상대적으로 덜 알려졌다.

민주당 안에서 이낙연과 이재명은 엎치락뒤치락 할 것 같다. 창과 방패의 싸움 같기도 하다. 이낙연은 너무 신중한 나머지 손해를 많이 보고 있다. 그것을 바꾸어야 하는데 성격상 쉽지 않을 것 같은 느낌도 든다. 반면 이재명은 계속 화제를 만든다. 거기에 주인공은 이재명이다. 일단 명분이 있는 의제를 던지니 눈길을 끌 수밖에 없다.

경기도 소속 4급 이상 공무원이 집 두 채 이상 갖고 있을 경우 한 채만 남겨 놓고 무조건 팔 것을 권장한 것도 그렇다. 일반 국민, 즉 유권자들에게는 결단력 있는 지도자로 비친다. 그게 표로 이어짐은 물론이다. 이낙연은 모든 게 한 발씩 늦다. 그린벨트 해제 논의 때도 그랬다. 이재명이 하루 이틀 먼저 주장했다. 결과적으로 이낙연은 막차를 탄 셈이었다.

이날 조사에서 이낙연과 이재명의 차이는 1.2%포인트 차. 이재명이 한 두 번 가속 페달을 밟으면 이낙연을 제칠 것으로 보인다. 이낙연 측은 일희일비 하지 않겠다고 애써 태연한 척 한다. 그러나 선두를 빼앗기면 쫓아가기 어려운 것도 사실이다. 더군다나 민주당 전당대회도 있어 고민이 많을 게다. 이재명 카드가 복병으로 등장했다고 할까.

2020. 7. 29

위선자 이재명에게 무죄라니

#1: 이재명이 무죄란다. 대법원이 7대5로 이 같은 판단을 했다. 그럼 다섯 명은 유죄라는 뜻이다. 현재 대법원은 진보성향 대법관이 다수다. 만약 보수정권이었다면 유죄가 확정됐을 터. 하지만 판결은 인정하지 않을 수 없다. 문재인 정권이 사법부도 장악한 결과랄까. 사실 이재명 무죄는 말도 안 된다. 사법부도 정치에 오염됐다. (7월 16일 판결 이후)

#2: 이재명에게 운명의 시간이 다가왔다. 상고를 기각하면 벌금 300만원이 확정되면서 경기지사직도 잃게 된다. 꼭 그렇게 되었으면 한다. 이재명은 위선자다. 그런 사람이 공직을 맡으면 안 된다. 그러나 대법원 판결은 알 수 없다. 법률심이라고 하지만 대법

관 성향에 따라 판결이 갈리기도 한다. 이재명은 기본도 안 됐다. 정치권에서 퇴출되기 바란다. (7월 16일 판결 전)

#3: 이재명은 어찌될까. 오는 16일 운명이 결정된다. 사흘밖에 남지 않았다. 300만원의 벌금형이 확정되면 도지사 직을 상실한다. 나는 그래야 된다고 본다.

이재명은 위선자다. 그런 사람이 현재 경기도지사를 하고 있는 것도 맞지 않다. 대법원의 현명한 판단을 기대한다. (7월 13일)

#4: 이재명 경기지사는 어떻게 될까. 대법관 13명의 손에 그의 운명이 달렸다. 나는 경기지사직을 상실할 가능성이 더 크다고 본다. 2심 선고가 뒤집힐 공산이 적다는 얘기다. 1심 무죄, 항소심 벌금 300만원이 각각 선고됐었다. 항소심에서 유죄가 선고된 것은 가볍지 않다. 항소심은 1심보다 경험이 더 많은 법관들이 참여해 재판을 한다. 그들이 유죄를 선고한 만큼 파기환송될 확률이 적다는 뜻이다. 이재명 측의 항소가 기각되면 지사직을 잃게 된다. 그렇게 돼야 마땅하다. 이재명도 두 얼굴을 가진 사람이다. 문재인처럼 팬덤도 있지만, 정직하지 않다. 그런 사람이 지사를 하거나 정치를 한다는 것은 옳지 않다. 대법원의 원심 확정 판결을 기대한다. (6월 28일)

#5: 이재명 선거법 위반사건이 대법원 전원합의체로 넘겨졌다. 대

법관 13명의 손에 정치적 운명이 걸린 셈이다. 2심 선고는 벌금 300만원. 선거법 위반의 경우 100만원 이상이면 직을 상실한다. 이 사건 1심에서는 무죄였는데 항소심에서 뒤집혔다. 또 뒤집혀야 이재명이 산다. 나는 그 가능성을 낮게 본다. 형을 강제입원시킨 것은 맞기 때문이다. 대법원은 법률심. 이재명은 퇴출이 답이다. (6월 15일)

내가 이재명 선고를 앞두고 페이스북이나 오풍연닷컴 등에 올렸던 글이다. 나는 이재명 같은 사람이 경기지사는 물론 정치를 하면 안 된다고 생각한다. 물론 내 기준에 맞지 않아서다. 그러나 우리나라는 민주주의 국가다. 악법도 법이라고 했고, 대법원의 최종 판단은 존중해야 한다. 따라서 이재명은 살아났다. 하지만 유감이 아닐 수 없다.

다른 사건으로 피해를 입었다고 주장하는 배우 김부선은 16일 판결에 대해 딱 두 마디 했다. "무죄? F*** YOU" 김부선 역시 그 같은 평가를 할 수 있다. 대법관 다섯 명이 유죄를 주장한 것은 그만큼 죄가 가볍지 않다는 뜻이다. 이재명은 불사조 맞다. 그런 사람이 더 이상 정치를 하면 불행해 진다.

2020. 7. 17

이재명은
한명숙을 두둔할
자격이 없다

이재명이 대법원 선고를 앞두고 초조한 것 같다. 대법원에서 300만원의 벌금형이 확정되면 도지사직을 상실할 뿐만 아니라 대선에도 나올 수 없다. 때문인지 한명숙을 거들고 나섰다. 동병상련이라고 한다. 한명숙도 검찰수사의 피해자이고, 자기도 같은 처지라고 주장했다. 내가 볼 때는 둘이 똑같다. 한명숙은 어쨌든 돈을 받았고, 이재명 역시 억지 기소는 아니다.

이재명도 진중권한테 호되게 당했다. 되로 주고 말로 받았다고 할까. 진중권은 이재명을 그대로 가격했다. 이른바 문빠한테 당하고 딴소리를 한다는 말까지 들었다. 이재명에게는 아픈 대목이다. 문빠를 끌어안으려고 무진 애를 쓰는데 찬물을 끼얹은 격이다. 민주당의 경우 문빠 지원 없이는 큰 일을 도모하기 어렵다. 그래서 모든 대권주자들이 문빠에 공을 들인다.

이재명은 30일 "한명숙 전 국무총리가 재심 기회를 얻으면 좋겠다"면서 "검찰 개혁과 한 전 총리의 재심 운동을 응원한다"고 말했다. 이어 "유죄로 의심할 강력한 증거였던 법정 증언을 당시 수사검사가 위증 교사했다는 주장이 잇따르고 있다"고 밝혔다. 재조사의 필요성이 있다는 뜻이다. 이 같은 일각의 주장에 대해 검찰은 터무니 없는 소리라고 일축한다.

이재명은 현재 자신의 처지도 토로했다. 그는 "촛불혁명 후에도 증거 조작과 은폐로 1370만 도민이 압도적 지지로 선출한 도지사의 정치생명을 끊으려고 한 그들"이라며 "천신만고 끝에 직권남용 혐의에 대해선 무죄를 받았지만, 검찰의 화려한 언론 플레이로 선고 전에 이미 저는 상종 못 할 파렴치한이 됐고 극단적 선택까지 고민했던 고통과 국민의 오해는 지금도 계속 중"이라고 말했다. 검찰의 과잉수사를 탓한다고 할까.

이번에도 진중권이 저격수로 나섰다. 진중권은 "도지사님, 잘못 아셨다"면서 "그때 도지사님의 정치생명을 끊으려고 한 것은 검찰이 아니라 문빠(문재인 대통령 강성 지지자)들이었다"고 주장했다. 이어 "도지사님 잡겠다고 '혜경궁 김씨' 운운하며 신문에 광고까지

낸 것도 문빠들이었고, '난방열사' 김부선을 내세워 의사 앞에서 내밀한 부위 검증까지 받게 한 것도 공지영을 비롯한 문빠들이었다"면서 "대체 검찰이 도지사님 정치생명 끊어서 얻을 이득이 뭐가 있나. 검찰은 그냥 경선에서 도지사님을 제끼는 데에 이해가 걸려있던 친문(친 문재인) 핵심 전해철씨에게 고발장을 받았을 뿐"이라고 상기시켰다.

진중권은 또 "도지사님을 기소 안 했으면 문빠들이 검찰을 가만 놔두지 않았을 것"이라며 "갑자기 도지사님의 정치생명을 끊으려 했던 그 사람들은 놔두고 엉뚱하게 검찰 트집을 잡으시는지요"라고 되물었다. 그러면서 "이 분(이 지사), 재심이 불가능하다는 거 빤히 알면서 왜 이러는 걸까요"라며 "이번 수는 너무 심오해서 제가 그 뜻을 헤아리기 힘들다"고 적었다.

이재명은 한명숙을 두둔할 자격조차 없다는 얘기다. 나 역시 그렇게 생각한다. 이재명은 처음부터 끝까지 변명만 하는 사람이다. 나는 그래서 이재명을 뽑아준 경기도민을 원망한 바 있다. 사람 잘못 보았다고.

2020. 5. 31

이재명
지지자들에게!

이재명만 입이 거친 게 아니라 그의 지지자들도 비슷한 것 같다. 유유상종이라고 할까. 나는 최근 '이재명이 대권주자가 안 되는 이유'라는 오풍연 칼럼을 쓴 바 있다. 예전에는 그런 글을 써도 그다지 반응이 없었으나 이번에는 달랐다. 이재명의 달라진 위상을 보는 듯하다.

이른바 '문빠'들이 하는대로 벌떼처럼 나를 공격해 왔다. 댓글이 수십여 개 달렸는데 나를 비난하는 게 압도적으로 많다. '이재명빠'들도 뭉치고 있다고 할까. 몇 개를 소개한다. 그들의 수준이다. "미통당 쓰레기들한테나 얘기해라 이 ㄱ ㅆ ㄹ ㄱ ㅅ ㄲ 야" "그 주ㄷ이 다물라 당신 주제나 파악하시죠 당신이 뭔데 한 사람을 입에 올리나요 형수가 법정에서 자신의 남편이 어머니께 한 욕이라고 진술을 한 내용인데. 정말 당신이 쓰ㄹㄱ 같군요”

“나는 니가 입을 나불대면 절대로 안 된다고 생각한다. 왜냐하면 니가 뱉는 말이 개소리로 들리기 때문이다” 더러 공감하는 댓글도 있긴 하다. “속시원한 글 감사합니다. 특히 시정잡배라는 단어가 맘에 아주 맞는 단어입니다.” 다시 한번 말하지만 이재명은 대통령감이 못 된다.

이재명 지지자들도 집요했다. 내가 쓴 칼럼, 유튜브, 페이스북 페이지, 트위터 등에도 들어와 댓글을 남겼다. 입에 담지 못할 욕도 했다. 나는 늘 말한다. 비판은 얼마든지 좋다. 다만 욕은 하지 말기 바란다. 그럼 누구에게 도움이 될까. 그들이 지지하는 이재명을 욕보이는 것이다.

나는 정치부 기자를 오래 했다. 지금 정치 칼럼도 쓰고 있다. 내가 보는 견지에서 이재명을 평가한다고 할 수 있다. 죽었다 깨어나도 이재명이 대선 후보가 될 수 없다고 내다본다. 그는 정치인으로서 약점이 너무 많다. 형수에게 한 욕은 두고 두고 그의 발목을 잡을 것으로 여겨진다. 그것을 듣고도 이재명을 지지할 수 있을까.

이재명에게는 경기지사도 너무 과분하다. 내가 오죽하면 경기도 민도 제정신이냐고 물었겠는가. 그의 허물이 많음에도 이재명을 뽑았다. 물론 그것 또한 민심임은 인정한다. 그래서 하는 말이다. 이재명 같은 사람이 대선에 나오면 안 된다. 인성은 바뀌지 않는다. 그렇게 비뚤어진 사람이 국정을 운영할 수 있겠는가. 내가 도덕정치를 추구해 그런 관점을 갖고 있는 것도 사실이다.

이재명을 지지하는 것은 자유다. 진짜 이재명이 어떤 사람인지 알고 지지했으면 좋겠다. 꼭 조국을 지지하는 사람들을 보는 것 같다. 더 이상 조국 바라기, 이재명 바라기는 안 된다. 정말 버젓한 사람이 지도자 역할을 해야 한다. 이재명도, 조국도 두 얼굴을 가진 사람들이다. 내가 두 사람을 인간 이하로 평가하듯 두 사람 지지자도 내가 마음에 들지 않을 경우 비판하면 된다.

하지만 페어플레이를 했으면 좋겠다. 그동안 내가 썼던 이재명, 조국에 대한 칼럼을 보라. 시종일관 그들은 안 된다고 강조해 왔다. 칼럼니스트로서 내 사명을 다하고 있다고 할까. 옳지 않은 것을 보고 눈을 감고 있을 수는 없었다. 정의로운 사회를 추구해서다.

2020. 5. 5

이재명에 대한
평가도
국민들이 내려야

어제 이재명 관련 칼럼을 썼다. 물론 내 관점에서 비판했다. 그랬더니 그의 지지자들이 나도 공격한다. 지지자입장에선 내 칼럼이 마음에 들지 않을 터. 그는 공인이다. 공인은 언론에 항상 노출돼 있다. 따라서 비판도 수용해야 한다. 지지자들이 나를 비판하는 것도 자유이며, 나 역시 그것을 받아들인다. 공론의 장은 필요하다.

댓글이 많이 달린 것을 볼 때 이재명의 몸집은 지난 2017년 대선 때보다 더 커졌다고 할 수 있다. 그런 만큼 이재명에 대한 평가도 더욱 냉정해야 한다. 이재명 역시 그것을 감수해야 한다. 국민들이 그를 선택하면 된다. 그러나 철저한 검증은 필요하다. 내가 칼럼으로 비판한 것도 같은 맥락이다. 댓글들을 소개한다.

"난 대한민국 해방 이후 정치인 중 이재명이 제일 좋소! 내가 겪은 그는 정직하고 신념이 강하고 소수를 위한 측은지심이 있고. 불의와 타협하지 않는 강직함이 있었고. 스스로 타락하고 무너지지 않기 위한 선명한 지혜로움을 갖춘 자였소! 이재명을 어디까지 아는지는 모르나 내가 겪은 이재명은 이런 사람이었소! 편견과 아집을 버리고 이재명이란 인물을 다시 한 번 조명해 보길 바라오!"

이 네티즌과 같이 평가하는 사람도 있을 게다. 사람에 따라 보는 관점이 다르다. 이재명에 대해서는 비판적인 사람들이 더 많은 것도 사실이다. 이재명은 그것을 극복해야 한다. 그렇지 않으면 최종 대선후보로 낙점될 수 없다. 내가 이재명을 나쁘게 평가하는 것도 그의 이중성 때문이다. 대통령 되겠다는 사람이 두 얼굴을 갖고 있어선 안 된다.

"이재명 같은 자가 대선 후보 운운하는 대한민국 언론. 이재명을 지지하고 옹호하는 정치인들. 국민이 따끔하게 회초리를 들어야 할 시간이 된 것 같습니다. 모든 독재자의 공통점은 인성이 빵점이라는 데 있습니다. 저런 인성으로 대통령이 되겠다는 이재명을 막아야 대한민국이 반석 위에 오를 수 있는데 말입니다." 이 분은 나와 시각이 비슷한 것 같다. 내가 들여다보고 있는 것도 대선후보의 인성이다.

또 다른 네티즌은 "패륜잡범인 것도 큰 문제지만 성남시장부터 지금까지 하는 짓이 민주당 이명박이라고 생각합니다. 이재명이 공정사회 운운할 때마다 어처구니가 없지요. 이해찬이 죽기살기로 감싸주고 유시민이 갑자기 돌아선 것도 너무 큰 폭탄이라 생각합니다. 이재명은 티끌만한 권력도 가져서는 안 되는 인간이라 보고요. 김어준 이동형 김용민이 친위부대 노릇이나 하고 요즘은 MBC 박성제도 안면몰수하고 찬양하더군요."라고 비판했다.

앞으로 이재명이 주목을 받을 것은 분명하다. 내가 그를 비판한다고 이재명이 대선후보로 안 나올 리도 없다. 정치인에게 비판은 약이 될 수도 있다. 나도 이재명을 냉철하게 바라볼 것이다. 정치인에게 맹목적 동정은 금물이다. 회초리를 들어야 제대로 갈 수 있다.

2020. 5. 3

이재명이
대권주자가 되면
안 되는 이유

최근 이재명 경기지사가 제법 조명을 받고 있
다. 이런 저런 이슈메이킹에 성공해서다. 행동으로도 보여줘 눈길
을 끈 것은 사실이다. 친노나 친문 그룹에서도 이재명을 다시 봐
야 한다는 얘기가 나온다고 한다. 여차하면 대선주자로 이재명을
밀 수도 있다는 얘기다. 그러나 나는 이재명 같은 사람은 대통령
이 되면 안 된다고 생각한다. 절대로 그런 일이 없어야 한다.

이재명에 대한 내 관점은 이렇다. 내 눈에 비친 이재명은 시정잡
배 이상도 이하도 아니다. 어쩌다가 성남시장이 됐고, 예비경선에
도 나왔었고, 경기지사도 됐다. 나는 솔직히 이재명 지지자들에
게도 크게 실망한다. 그를 경기지사로 뽑아준 경기도민 역시 마

찬가지다. 어떻게 그런 사람을 지지하고, 도지사로 뽑아준단 말인가.

나는 도덕정치를 표방한다. 그런 맥락에서 이재명을 보니까 그럴 수도 있다. 개인적으로 이재명과 아무런 관련이 없다. 나는 이재명을 줄곧 비판해 왔다. 지금도 그 같은 생각에는 변함이 없다. 이재명과 형수 사이에 나눈 전화 대화를 듣고 너무 놀랐다. 아무리 둘 간의 대화라고 하더라도 대통령이 될 사람이 그런 시각을 갖고 있다면 안 될 일이다.

한국은 동방예의지국이라고 하지 않던가. 대화에서 이재명은 쓰레기 인간 같았다. 입에 담지 못할 욕을 했다. 그런 사람이 바로 이재명이다. 제 버릇 남 못 준다. 배우 김부선과의 관계도 여전히 석연치 않다. 이재명에게는 공직을 맡을 수 없는 형이 선고돼야 한다. 현재 이재명 사건은 대법에 계류 중이다. 인륜을 저버리고 거짓말을 일삼는 정치인은 퇴출시키는 것이 마땅하다.

내가 이재명을 깎아내리는 것과 달리 일부에서는 평가도 받고 있다. 유시민 사람사는세상 노무현재단 이사장은 지난달 17일 유튜브 채널 '유시민의 알릴레오' 마지막 방송에서 이 지사에 대해 "코로나19 과정에서 신속하고 전광석화 같은 일처리, 단호함으로 매력을 샀다. 앞으로 상당한 지지율 기반을 구축할 것이다"고 평가했다. 그러면서 "인품이 훌륭하다든가 덕이나 품격 등에 대해 말하는 사람은 없다. 지지자들도 '이재명이 일 잘해' '뭔가 바꾸려면 저렇게 해야 돼'라고 말한다"고 덧붙였다.

이재명도 얼마 전 MBC 라디오 '김종배의 시선집중'과 인터뷰에서 "그분(유시민)의 평가니까 감사하게 생각한다. 열심히 일하면 되는 것이고, 언제나 정치인들은 실적과 실력으로 평가받을 것이라고 생각한다. 열심히 하겠다"고 자신감을 드러냈다. 그가 코로나 정국을 거치면서 나름 리더십과 전광석화 같은 집행력으로 대권 반열에 오른 것은 부인할 수 없다.

오마이뉴스가 여론조사 전문기관인 리얼미터에 의뢰해 지난달 20~24일 전국 만 18세 이상 성인 255명을 대상으로 차기대선주자 선호도 조사를 실시한 결과, 이 지사는 이낙연 전 국무총리(40.2%)에 이어 14.4%의 지지율로 2위에 올랐다. 홍준표와 황교안도 제쳤다. 그렇다 하더라도 이재명은 대권주자가 될 수 없고, 돼서도 안 된다. 기본 바탕이 틀렸기 때문이다.

2020. 5. 2

이재명의
돈풀기를 보는 눈

　　이재명이 모든 경기도민에게 10만원씩 준단다. 두 가지 해석이 가능할 것 같다. 경기가 워낙 나쁘니까 돈을 풀어 조금이라도 지역 경제를 활성화시키자는 것. 이는 좋은 의미다. 또 하나는 선심성 정책으로 비판받을 수 있다. 결국 국민 세금으로 인심을 쓴다고 할 수 있다. 돈 나눠주는 것은 누구나 쉽게 할 수 있다. 문제는 재원. 경기도처럼 형편이 나은 지자체는 가능하다. 그러나 재정이 열악한 시·도는 언감생심이다. 소외감을 느낄 수도 있다. 돈 주는데 싫어할 사람은 없다. 정작 돈을 준다면 대구·경북부터 주어야 맞다. 형평성이 아쉽다.

경기도는 다음 달부터 도민 1인당 10만원씩, 4인 가족일 경우 40

만원씩을 재난기본소득으로 지급한다. 구체적인 재난기본소득 지급 대상은 지난 23일 밤 12시 기준 시점부터 신청일까지 경기 도민인 경우에 해당한다. 행정안전부가 발표한 2020년 2월 말 기준 주민등록인구통계에 따르면 경기도 인구는 1326만5377명이다. 액수로는 약 1조3260억원이다. 적지 않은 돈이다. 이 돈이 모두 풀리면 지역 경제에 도움은 될 듯하다.

이재명 경기지사는 24일 "코로나19로 맞게 된 역사적 위기 국면에서 위기를 기회로 만들며 새로운 시대를 준비해야 한다"면서 "일부 고소득자와 미성년자를 제외하거나 미성년자는 차등을 두자는 의견도 있었으나 이는 기본소득의 이념에 반하는 것"이라고 했다. 즉 모든 도민에게 주겠다는 뜻이다. 고소득자 제외는 고액납세자에 대한 이중차별인 데다 선별비용이 과다하고, 미성년자도 세금 내는 도민이며 소비지출 수요는 성인과 다를 바 없다는 점에서 제외나 차별을 하지 않았다는 게 이 지사의 설명이다.

네티즌들 반응을 본다. "이재명 도지사님 정말 멋지십니다. 국민들을 위한 일은 이렇게 하는건데… 대구시장님은 선거끝나면 준다는데… 국민들은 한 시가 급한데 말입니다.""지자체에서 지역화폐로 사용하면 재정이 모자라는 지역은 어떻게 되는지? 다른 지역은 우리나라 국민이 아닌가요. 할려면 차라리 정부에서 똑같이 지급을 해주던지.""재난을 자기 인기팔이에 써먹는군. 누가 그러더라, 가뭄에 분무기로 물뿌리는 격이라고. 취약계층에 더 집중해야 효과가 확실한 것이 자명한데 타국에서도 실패한 정책을 이때다 싶어 언플하려는 속셈. 그 뻔히 잔머리는 언제까지 쓰고 있을래??"

이 같은 정책은 찬성과 반대가 있을 수 있다. 나도 이번에는 평가를 미룬다. 무조건 좋다고, 나쁘다고 할 수도 없기 때문이다. 다만 아쉬움은 있다. 경기도는 부자 지자체라는 인상을 줄 수 있다. 물론 취지 자체는 나쁘지 않다. 어려운 때일수록 지혜를 짜내야 하는 까닭이다.

2020. 3. 25

2022년 대권주자로도 거론되지만 험난한 길이 예상된다. 확장성이 없다고 할까. 돈키호테 성격이어서 그런 측면도 부인할 수 없다. 그가 최종 대선주자가 되려면 환골탈태 해야 한다. 지금 그대로라면 승산이 없다. 그러나 자기 버 릇 남주기 어려워 대선 두 번째 도전은 수포로 끝날 공산 이 크다. 하지만 저력이 만만치 않아 주목할 인물이기는 하다.

후배 검사들이 홍준표를 모델로 삼을 만하다

나는 홍준표 의원을 1980년대 후반부터 보아 왔다. 그가 서울지검 강력부 검사로 있을 때다. 입이 다소 거칠기는 하지만 검사 홍준표는 아주 매력 있는 사람이었다. 드라마 모래시계의 실제 모델이기도 하다. 그는 정의로왔다. 불의와는 몸을 사리지 않고 싸웠다. 검사는 그래야 된다. 그런데 요즘 검사들을 보면 그런 기개가 없다. 오죽하면 권력의 주구라는 얘기를 들을까.

그는 검사 생활을 하면서 욕도 많이 먹었다. 물불을 가리지 않고 수사를 했던 까닭이다. 홍준표는 대구 영남고를 나왔다. 고등학교 직계 선배인 이인섭 전 경찰청장을 구속했다. 그랬더니 영남고 동문들 사이에는 "선배 잡아먹는 검사"라는 비아냥이 나돌기도 했다. 슬롯머신 수사 때는 선배였던 이건개 전 고검장과 박철언씨도 구속했다. 그를 데리고 있었던 부장검사는 "정의감이 투철했던 검사"라고 평가했다.

홍준표가 검사 후배들에게 일갈했다. 그는 추미애 법무부 장관 아들의 '군 미복귀 의혹'에 대해 검찰이 8개월 넘게 수사 중인 것과 관련, "검사답게 처신하라"고 강조했다. 검찰이 권력의 눈치를 보고 있다는 얘기다. 사실 그렇게 오래 끌 사안도 못 된다. 검찰이 알아서 긴 결과라고 할까. 엄마가 인사권을 쥔 법무부장관으로 딱 버티고 있는데 제대로 수사를 할 수 있겠는가. 홍준표의 일갈은 그럼에도 법에 따라 수사를 하라는 뜻이다.

홍 의원은 "추 장관 아들의 탈영 문제는 일주일만 수사하면 결론이 날텐데 왜 검사가 8개월이나 미루고 있는지 나는 도무지 이해하기 어렵다"면서 "검사의 결정 장애가 사건의 난해함 때문은 아닐 것"이라고 꼬집었다. 이어 "왜 그 문제 때문에 대한민국이 시끄러운지 이해하기 어렵다"면서 "검사가 바로 서야 나라 법질서가 바로 선다"고 충고했다.

홍준표는 자신의 초임 검사 시절의 일화도 들려주었다. 그는 "당시 전두환 전 대통령에게 밤에 청와대로 불려가 대작을 할 정도로 실세였던 법무부 장관이 있었다"면서 "그 법무부 장관의 유일한 사돈을 검찰 간부들이 없는 토요일 밤에 전격적으로 변호사법 위반으로 구속한 일이 있었다"고 전했다. 그러면서 "당연히 월요일 아침에 검찰청이 발칵 뒤집힐 정도로 법무부 장관의 부인이 검사장을 찾아와 난리를 쳤고, 나는 아주 곤혹스러웠지만 다행히 검사장께서는 별다른 질책 없이 넘어갔다"고 당시 상황을 회고했다.

권력형 비리 등 거악은 검찰만이 해결할 수 있다. 검사가 자리를 걸고 수사를 해야 한다. 지금 검찰은 그 반대로 가고 있어 욕을 먹는다. 왜들 이러나.

2020. 9. 7

홍준표가
오랜만에
훈수 제대로 했다

민주주의의 요체는 책임정치다. 그런데 우리 나라의 경우 어정쩡한 모습이 계속되고 있다. 국회 원구성 협상에서도 책임정치와 먼 결과를 가져왔다. 여야가 의석 수에 따라 상임위원장을 나눴다. 이는 책임정치와 거리가 멀다. 과반수 정당이 상임위원장도 모두 차지하고, 그에 따른 책임을 지는 게 맞다. 이번 21대 국회에서는 177석을 차지한 민주당이 모든 상임위원장을 차지할 공산이 크다.

앞서 국회는 본회의를 열고 법사위 등 6개 상임위원장을 뽑았다. 표결에 미래통합당은 참가하지 않았다. 그 결과도 6명 모두 민주당 의원들이었다. 그러자 주호영 통합당 원내대표가 사의를 표명하고, 지방으로 내려갔다. 급기야 김종인 비대위원장이 주 원내대표가 머물고 있는 속리산에 내려가 달래고 오기도 했다. 통합당은 18개 상임위원장 모두 민주당이 가져가라고 한다. 민주당도 고민할 필요가 없다. 그냥 가져와라.

홍준표가 모처럼 시원한 말을 쏟아냈다. 당 대표, 원내대표를 지내 당과 국회의 생리는 잘 아는 그다. 절반을 넘긴 정당이 상임위원장을 독식하고, 차제에 국회법을 개정하자고 했다. 일리 있는 충고다. 나도 이 같은 원구성이 보다 타당하다고 본다. 그럼 상임위원장 자리를 놓고 싸울 이유도 없다. 이번 기회에 새로운 전통을 만드는 것도 생각해볼 법 하다.

홍준표는 22일 페이스북에 올린 글을 통해 "야당(미래통합당)이 전 상임위원장 가져가라고 한 마당"이라며 "이참에 과반수 정당에게 모든 책임을 지게 하는 정치를 해보자"라고 했다. 그러면서 "지난 해 총선을 앞두고 TV 홍카콜라를 통해 책임정치 구현 차원에서 총선에서 과반수 정당이 미국처럼 모든 상임위원장을 독식하는 것으로 하자고 제안한 적 있었다"고 상기시켰다.

그는 "그렇게 하려면 총선 전에 여야가 이를 합의해야 하고 국회 결정도 지금의 소위 선진화법처럼 5분의 3 결정이 아닌 과반수로 결정하는 국회법 개정이 다시 이루어져야 한다"면서 "그래야 파행이 없는 국회가 되고 여야 협치니 2중대 정당이니 하는 시비도 없어진다"라고 말했다. 이어 "사실 다른 정치 이념을 가진 정당이 협치라는 허울 좋은 미명 아래 억지 동거를 강요당하는 모습은 정상적인 정당 정치는 아니다"라면서 "자신들이 집권한 시기에는 자신들의 뜻대로 책임정치를 할 수 있는 체제가 되어야 국민들의 선택이 보다 이성적이고 보다 합리적 일수 있고 책임 소재도 분명해지기 때문"이라고 덧붙였다.

미국은 과반 정당이 모든 상임위원장을 차지한다. 대신 책임을 진다. 이 같은 시스템이 도입되면 국회 몸싸움도 사라질 지 모른다. 나쁘지 않다고 여긴다.

2020. 6. 22

21대 국회
여의도 최고참은
홍준표

홍준표가 페이스북에 재미 있는 글을 올렸다. 자신이 국회의원 300명 중 최고참이라고 했다. 쭉 살펴보니 그랬다. 나는 1988년 13대 국회부터 취재현장에 있었다. 홍준표는 1996년 15대 때 첫 배지를 달았다. 말하자면 90년 대 학번은 홍준표 딱 한 사람이다. 나머지는 모두 2000년 이후 배지를 달았다. 국회의장에 내정된 박병석 의원도 2000년 16대 국회 때 입성했다.

20대 때는 80년 대 학번도 있었다. 8선인 서청원 전 의원이 그랬다. 서 전 의원은 1981년 11대 때 국회의원이 됐다. 이번 21대 국회는 세대교체가 많이 이뤄졌다. 다선 중진들이 불출마를 하거나 대거 낙선했다. 최고령 의원도 73세인 김진표 의원이다. 20대 최고령은 박지원 강길부 전 의원의 78세였다. 국회가 상대적으로 젊어졌다고 할까.

홍준표는 1일 페이스북을 통해 "어느덧 세월이 흘러 국회 최고참이 됐다"면서 "국회 학번이 96학번(1996년 당선)이고, 15대 국회의원 출신은 이제 나밖에 남지 않았다"고 소회를 밝혔다. 이어 "국회의장으로 내정된 박병석 의원도 16대 00학번 출신이니 부끄럽게도 내가 최고참"이라고 덧붙였다. 홍준표는 66살, 박 의장은 68살이다.

홍준표는 "41세 혈기방장하던 시절, 첫 여의도 국회로 출근하던 때는 들뜬 가슴으로 직무를 시작했으나, 어느덧 25년이 흘러 노익장이 됐다"면서 "차분하게 서두르지 않고 하나하나 짚어 나가겠다"고 말했다. 그러면서 "어쩌면 마지막이 될지도 모르는 여의도 생활을 후회 없이 보냈으면 한다"고 적었다. 대권 도전으로 유종의 미를 거두겠다는 다짐인 셈이다.

과연 홍준표는 또 다시 대권에 도전할 수 있을까. 그의 앞에 가로놓여 있는 장막은 많다. 그것을 걷어내야 한다. 우선 김종인 미래통합당 비대위원장이 버티고 있다. 김종인의 임기는 내년 3월까지다. 홍준표는 그 전에 통합당을 두드리겠지만 복당이 쉬울 것 같지는 않다. 김종인과 각을 세우고 있기 때문이다. 김종인도 호락호락한 사람이 아니라 재임 중 홍준표를 받아들이지 않을 가능성이 크다.

그럼 홍준표의 선택지가 좁아진다. 스스로 대권도전에 나설 수밖에 없다. 당의 힘을 빌리지 않고, 혼자 뛰어야 한다는 뜻이다. 홍준표가 독불장군형이기는 하지만 한계에 부딪칠 수도 있다. 혼자서는 아무리 뛰어봤자 벼룩인 까닭이다. 홍준표에게 줄을 서는 의원들도 거의 없을 게다. 김종인이 고립무원의 처지를 만들지도 모른다.

홍준표가 이를 돌파해 나가야 하는데 그럴 만한 뒷심이 있을까. 홍준표는 알아주는 싸움닭이다. 그 전까지는 당을 업고 싸웠다. 이번에는 혼자 싸워야 하기 때문에 난관이 예상된다. 그래도 물러날 사람은 아니다. 홍준표의 홍준표에 의한, 홍준표를 위한 대권도전을 할 것이다. 어쨌든 대권 예비경선에 뛰어들 터. 나는 최종 후보는 어렵다고 본다. 새 술은 새 부대라는 시대적 대세 앞에 무릎을 꿇을 것 같다. 홍준표가 최종 후보가 된다면 이변이다.

2020. 6. 2

홍준표-윤석열
대결을 예상한다

내 예상이 맞을지는 모르겠다. 2022년 미래 통합당 대선 후보는 홍준표와 윤석열의 대결이 될 것 같다. 무슨 소리냐고 할 게다. 윤석열은 현직 검찰총장인데. 윤 총장의 임기는 내년 7월이다. 임기를 채울 지는 알 수 없다. 21대 국회가 개원하고, 공수처가 발족하고, 윤 총장을 흔들어 대면 임기를 못 채울 수도 있다. 윤 총장은 대가 세 거취도 본인이 판단할 것 같다.

현재 통합당 안에서 홍준표에 필적할 만한 사람은 없다. 홍준표가 조직이 있는 것도 아니다. 홍준표 역시 필마단기형이다. 그런데 단련이 돼 있어 경쟁력은 있다. 정치는 인기를 먹고 산다. 바로 지지율이다. 지금 이낙연이 독주하는 것도 지지율이 높기 때문이다. 야당 인사 가운데는 그나마 홍준표가 눈에 띄는 정도다. 홍준표도 이러한 여세를 몰아가려고 할 것이다.

그러나 홍준표는 분명 한계가 있다. 또 다시 대선에 나온다고 해도 30% 이상은 받지 못할 게다. 그럼 대선은 하나마나다. 대선서 승리를 점치려면 지지율이 40% 이상은 돼야 한다. 다음 대선도 양자 대결로 좁혀질 게 뻔한 까닭이다. 몇 번 얘기했지만 야당은 참신한 얼굴로 승부를 보아야 한다. 그렇지 않으면 아예 승산이 없다.

내가 윤석열을 점찍는 데는 그럴 만한 이유가 있다. 보수를 대변할 만한 인물이 윤석열 말고는 없다고 생각해서다. 그나마 대선을 쳐다볼 수 있는 사람들이 모두 낙선했다. 오세훈 나경원 등이 대표적이다. 윤석열은 본의 아니게 정치판에 뛰어들 공산이 크다. "당신밖에 없으니 당신이 나서주어야 하겠다"고 하면 그의 성향으로 볼 때 받아들일 것 같다. 윤석열은 피해가지 않는다.

나는 법조를 오래 출입했지만 그를 잘 모른다. 하지만 그와 함께 근무했던 지인들에게서 들은 말은 있다. 정치를 할 수 있는 재목은 된다. 통도 크고, 배짱도 있다. 조국 수사를 지켜보면서 국민들도 윤석열의 사람됨을 보았을 듯 하다. 권력에 흔들리지 않는 강한 인상을 풍겼다. 모름지기 보수는 그래야 한다. 윤석열은 순수

한 면도 있다. 따라서 보수 후보로 옹립하면 가장 좋을텐데 당내 반발이 변수다.

무엇보다 홍준표가 윤석열 영입을 반대할 것으로 본다. 다 차려 놓은 밥상에 끼어 든다고. 홍준표도 윤석열을 의식하지 않을 수 없을 것이다. 국민적 지지는 윤석열이 홍준표보다 더 받는다고 할 수 있다. 민주당도 윤석열 카드를 다각도로 분석할 것으로 여겨진다. 윤석열이 반문의 기치를 세우고 바람몰이를 하면 상황이 달라질 수 있어서다. 결국 조국 사태가 윤석열을 전국적 인물로 만들었던 셈이다. 윤석열의 변신이 주목된다.

<u>2020. 5. 20</u>

홍준표는
남을 탓할
자격이 없다

홍준표의 입이 점점 거칠어지고 있다. 점수를 까먹는 줄 모르는 것 같다. 통합당 다음 대선주자 역시 자기라고 착각하는 듯하다. 사실 홍준표도 똥 오줌 제대로 못 가린다. 착각 속에 살기 때문이다. 지금껏 홍준표가 "내 탓이오" 하는 것을 본 적이 없다. 물론 지방선거 등에 참패한 뒤 대표를 물러난 적이 있지만 그것은 누구나 마찬가지다.

홍준표도 이번에 큰 잘못을 했다. 총선이 끝난 뒤 통합당은 김종인 비대위원장 체제로 가야 한다고 말한 바 있다. 그러다가 돌변했다. 김종인이 지난번 대선에 나왔던 사람들(홍준표·유승민·안철수)의 시효는 끝났고, 통합당 대선주자는 70년대생 경제를 잘 아는 사람들이 되어야 한다고 주장하자 태도를 바꿨다고 할 수 있다. 김종인의 이 같은 주장은 틀리지 않았다. 그렇게 해야 통합당이 살 수 있다.

한 번 보자. 홍준표를 대선주자로 내세워 이길 수 있을까. 나는 그 가능성은 거의 제로라고 본다. 홍준표의 한계는 지지율 25% 내외다. 그런 표로 어떻게 대선에서 승리할 수 있을까. 홍준표가 욕심을 내려놓아야 한다. 자기 욕심을 채우려다 보면 모두 망가질 수 있다. 만약 홍준표가 통합당 대선후보가 되면 민주당이 누구를 내세워도 승리할 수 있을 것이다. 그런 점에서 본다면 홍준표의 시효가 끝난 것은 맞다.

요즘 홍준표의 거친 입을 보자. 김종인, 심재철, 정진석 등 모두 공격 대상이다. 자기와 생각이 다르거나 비판하면 무차별 공격한다. 싸움닭 근성은 버리지 않았다. 홍준표는 1일 페이스북을 통해 "제가 상처를 입을 것을 각오하고 '김종인 비대위'를 반대한 것은 '제2의 황교안 사태'를 막기 위함이었다"면서 "(미래통합당은) 황교안 대표의 무능과 박형준의 몽상이 만들어낸 잡탕당에 불과하다"고 싸잡아 비판했다.

그는 "작년에 황교안 체제가 들어 올 당시 검증 없이 들어오면 시한 폭탄이 될 수도 있다라고 제가 말을 했다"면서 "그럼에도 불구하고 박관용 전 의장께서 무리하게 전당대회를 강행하여 사실상 철저 검증 기회를 없애 버림으로써 황 체제가 무혈 입성해 지난 1년 동안 당을 관료화 하고 무능하고 무기력하게 만들어 총선에서 참패했다"고 지적했다. 이어 "김종인 체제가 들어오면 황교안 체제보다 더 정체성이 모호해 지고 지금 미래통합당이 안고 있는 계파 분열은 더 심해 질 것"이라며 "나아가 김종인의 오만과 독선은 당의 원심력을 더욱 더 키울 것"이라고 주장했다.

홍준표는 "당선자들이 치열한 노선 논쟁과 당의 정체성을 확실하게 정리해 자유 민주주의와 시장 경제, 튼튼한 안보를 지키는 마지막 파숫꾼이 될 수 있도록 당을 혁신해야 한다"고 말했다. 홍준표의 주장 역시 틀리지는 않지만, 더 이상 나대면 안 된다. 복당을 하되 중진으로서 책임 있는 행동을 해야 한다. 그러다가 국민들로부터 다시 신뢰를 얻으면 대선 후보도 될 수 있다. 하지만 지금처럼 좌충우돌하면 그 기회는 점점 멀어진다.

2020. 5. 1

홍준표-김종인
싸움으로 번진
통합당 비대위

　　　김종인 참 뻔뻔하다. 동화은행 뇌물사건으로 구속된 바 있다. 말하자면 비리 정치인. 그 때 김종인을 조사한 사람이 바로 홍준표다. 악연이 있는 것. 그만한 허물이 있으면 조용히 살아야 한다. 그런데 여기저기 부르면 간다. 마치 구원투수라도 된 듯이. 왜 부끄러운 줄 모르는가. 욕심이 화를 부르는 법이다.

김종인에 목을 매는 통합당 지도부와 김종인은 다르지 않다. 지금 김종인이 등판해 해결할 수 있는 일인가. 거듭 강조하지만 김종인은 한물 간 정치인이다. 게다가 비리까지 있는 사람이다. 통합당이 새로 태어난다면서 그런 사람을 또 부르는 것은 옳지 않다. 아무리 사람이 없어도 그렇지 한 번 실패한 사람을 다시 부르는가.

아직 통합당에 복당하지 않은 홍준표가 김종인의 과거를 들춰냈다. 김종인으로서는 숨기고 싶은 대목일 터. 많이 아플 듯 하다. 그러나 정치인은 그런 것까지 심판받아야 한다. 공인이기 때문이다. 나는 김종인이 구속될 때 검찰 출입을 했다. 그래서 그 내용을 잘 안다. 청와대 경제수석을 하면서 돈을 받은 사건이다. 한참 지났지만 묻힐 수도 없는 사안이다.

홍준표는 25일 페이스북에 올린 글에서 "1993년 4월 동화은행 비자금 사건 때 함승희 주임 검사의 요청으로 20분 만에 김종인 전 경제수석의 뇌물 사건을 자백받았다"면서 "슬롯머신 사건의 고검장들 연루 건을 수사하기 위해 일시적으로 대검찰청에 파견 나가 있었을 때의 일"이라고 밝혔다. 홍준표는 드라마 '모래시계'의 주인공이기도 하다. 검사 시절 이름을 날린 바 있다.

그는 "2012년 4월 총선을 앞두고 김종인 당시 새누리당(통합당 전신) 비대위원이 나의 동대문을 공천 문제를 거론하면서 '당 대표를 사퇴한 사람에게 공천을 주면 안 된다'고 발언했다"면서 "그 총선에서 '아무리 정치판이라지만 내가 조사한 뇌물 사건의 피의자에게 공천 심사를 받을 생각이 전혀 없다'고 천명하고 공천신청을 아예 하지 않았다"고 말하기도 했다.

홍준표는 "'차떼기 정당' 경력을 가진 우리(통합) 당이 뇌물 경력이 있는 사람으로 대표직을 채운다는 것이 이치에 맞는 일이라고 보는가"라며 "부정과 비리로 얼룩진 비대위원장에 반대한다"고 강조했다. 이는 홍준표의 말이 맞다. 지금 시대정신과도 맞지 않는 인물이다. 그런 김종인에게 손을 내미는 통합당이 더 한심하긴 하다.

앞서 김종인은 홍준표를 슬쩍 건드렸다. 그는 최근 가진 언론 인터뷰 등에서 홍준표 유승민 등의 시효는 이미 끝났다며 '70년대생·경제 전문가 대선후보론'을 강조하고, 외부인 청년층과 당내 혁신파 의원들을 중심으로 비대위를 꾸릴 가능성을 내비쳤다. 이에 홍준표가 맞받아쳤다고 할 수도 있다. 둘이 서로 견제에 나선 셈이다.

홍준표는 통합당에 들어올 생각이니까 김종인 때리기를 하는 것이다. 전권을 달라는 김종인의 요구도 터무니 없기는 하다. 객이 주인 행세를 할 수는 없다. 김종인 비대위가 제대로 꾸려질지 모르겠다.

2020. 4. 26

홍준표가 대선에
다시
도전하려면

홍준표는 다음 대선 도전을 공공연히 밝히고 있다. 그것은 전제가 있어야 한다. 통합당 당원과 국민들의 지지가 있어야 가능하다. 자기 혼자 대권욕이 있다고 되는 것은 아니다. 그에게 분명히 말해 줄 게 있다. 그동안 해왔던 것처럼 하면 비록 대선에 나간다 해도 승산이 없다. 그 자신부터 철저히 바뀌어야 한다는 뜻이다.

남의 허물은 크게 보이고 자기 약점은 보이지 않는 법이다. 사실 홍준표는 장점보다 약점이 더 많다. 그것을 보완해야 한다. 홍준표를 부정적으로 보는 여론이 더 많다는 것도 알아야 한다. 가까스로 이번 총선에 당선된 뒤, 하고 있는 말도 썩 마음에 들지 않는다. 마치 대선후보가 다 된 것처럼 얘기하기도 한다. 그것은 큰 잘못이다. 자칫 김칫국부터 마신다는 소리도 들을 수 있다.

대선후보 역시 하늘이 내려 주어야 한다. 두 가지가 따라주어야 가능하다. 하나는 대선주자 본인의 대권욕. 또 하나는 운이다. 홍준표의 경우 하나는 충족돼 있다고 본다. 대권욕은 누구보다 차고도 넘친다. 하지만 운이 따라 줄지는 모르겠다. 홍준표에 못지 않는 대권욕과 국민들로부터 기대가 큰 사람이 나오면 밀릴 수밖에 없다.

나는 일찍이 홍준표의 대구 수성을 당선 가능성을 점쳤다. 그리고 황교안은 종로에서 낙선하는 즉시 정치 생명이 끝날 것이라고 내다봤다. 내 예상이 맞았다. 이처럼 정치는 생물과 같다. 하루아침에 지형이 바뀌기도 하는 게 정치다. 홍준표의 통합당 복당은 확실하다. 그를 내쫓은 사람은 황교안이었다. 굴러들어온 돌이 박힌 돌을 뽑은 셈이었다. 정치를 그렇게 해서는 안 된다. 황교안이 벌을 받았다고 할까.

홍준표도 마찬가지다. 황교안처럼 다른 대선주자를 쳐내려고 하면 안 된다. 함께 파이를 키운 다음 경쟁을 통해 최종 대선후보를 가려야 한다. 독주가 반드시 좋은 것만도 아니다. 멀리 볼 것도 없다. 현재 대권주자 지지율 1위는 이낙연이다. 민주당에는 이낙연 말고도 잠룡들이 많다. 이낙연도 굳히기에 들어가려고 하겠지만 녹녹할 리 없다. 선의의 경쟁을 펼치면 누가 되든 더 강해진다. 지금 홍준표에게서는 그런 자세를 읽을 수 없다.

홍준표는 17일 오후 페이스북 글에서 "국민의 심판을 받은 당 지도부가 비대위 구성하고 총사퇴해야지, 대표는 책임지고 사퇴했는데 권한대행 운운하면서 당의 운명을 좌지우지하려고 하는 것은 어처구니없는 정치 코미디 같다"면서 "총선을 '폭망'케한 지도부가 전당대회 운운하는 것은 어불성설이며 그만 물러나는 것이 정치적 순리"라고 강조했다.

그는 현 지도부를 향해 "한줌도 되지 않는 야당 권력에 그만 집착하고 총사퇴하라"고 압박했다. 이것은 홍준표의 말이 맞다. 현 지도부는 총사퇴해야 한다. 나 아니면 수습할 수 없다고 하는 것도 어불성설이다. 어쨌든 당은 굴러가게 되어 있다. 당선자 위주로 판을 다시 짜야 한다. 낙선한 심재철 원내대표의 역할도 끝났다. 총선에 참패하고도 여전히 정신을 못 차렸다.

2020. 4. 18

정치인 재목은 못 된다. 어쩌다가 눈에 띄어 반짝 인기를 끌었다고 할 수 있다. 안철수 신드롬은 옛날 얘기다. 정치를 하지 말았어야 할 사람이다. 다만 때묻지 않음은 평가할 만하다. 그를 다시 띄울만한 호재가 없다. 의사 안철수 이상도 이하도 아니다. 정치판에 남아있는 이유도 잘 모르겠다. 의사 또는 기업인 안철수로 돌아가길 권한다.

요즘은
안철수의 진정성이
느껴진다

공언한대로 정당투표는 국민의당을 찍었다. 안철수의 정계 은퇴도 여러 차례 촉구했지만 지난번 대구에서 의료봉사를 한 데 대해서는 진정성을 읽을 수 있었다. 안철수에게도 기회는 있다. 진정성을 잃지 않으면 된다. 꼼수 정치가 발 못 붙이는 시대가 반드시 온다. 거기에 대비할 필요가 있다. 국민을 섬겨라.

사실 나는 안철수의 정계 은퇴를 여러 차례 촉구한 바 있다. 하도 왔다갔다 해서 그랬다. 그러나 요즘은 그를 다시 보고 있다. 최소한 문재인, 박원순보다는 더 진정성이 느껴져서다. 아울러 정직 측면에서도 안철수에게 점수를 많이 주고 싶다. 독일과 미국

연수를 통해 크게 성숙해진 것도 같다. 이번 마라톤 유세도 곱지 않게 보았지만 끝까지 달리는 것을 보면서 평가를 달리했다.

안철수는 하루 평균 30km씩 달리고 있다. 14일 서울 광화문 광장에 도착할 예정이다. 전남 여수에서부터 올라왔다. 말이 그렇지 420여km를 달린다는 게 쉽지 않다. 국민의당은 결과적으로 나홀로 유세를 했다. 나 말고도 많은 사람들이 안철수를 거듭 평가하는 것 같기도 하다. 안철수는 하루 달리기를 마친 뒤 모텔이나 여관 등에서 자며 글을 남겼다.

안철수는 12일 새벽 숙소인 모텔에서 붓고 피멍이 든 자신의 발을 보면서 당원과 지지자에게 편지를 쓴다고 했다. 그는 "이번에 달리면서 멀리 떨어져 다시 한번 되돌아보니 모든 원인과 책임 또한 제게 있음을 거듭 깨닫는다"면서 "이 자리를 빌려 저를 믿고 지지해주셨던 많은 분께 진심으로 죄송하다는 말씀을 드린다"고 반성했다. 이어 "기득권 세력과 낡은 기성 정치에 결코 지지 않겠다고 다짐한다. 그리고 지나간 실수와 오류를 반복하는 일은 결코 없을 것임을 다짐한다"고 밝혔다.

안철수는 문재인 대통령과 박원순 서울시장에 대해서도 섭섭함을 드러냈다. 두 사람에게 각각 대통령 후보, 서울시장 후보 자리를 양보했기 때문이다. 하지만 자기만 바보가 됐다고 했다. 그는

"9년 전 서울시장을 양보했을 때, 그 다음해 대선에서 후보를 양보했을 때, 각각의 이유는 달랐지만 저는 세상의 선의와 희생과 헌신의 가치를 믿었다"면서 "그러나 기성 정치권은 저를 '철수정치'라고 조롱하고 유약하다고 비웃었다"고 적었다.

안철수는 또 "양보를 받은 사람들도 받기 전에는 간이라도 빼줄 듯이 했지만 막상 양보를 받자 끊임없이 지원만을 요구했지 고마움을 표시하지 않았다"면서 "오히려 실패의 책임을 제게 덮어씌우는 모습을 보며 '정말 이쪽 세상과 사람들을 몰라도 너무 몰랐던 것' 같다"고 했다. 그가 비정한 정치의 세계를 뒤늦게나마 깨달은 듯 하다. 피도 눈물도 없는 곳이 바로 정치판이다.

안철수는 "반드시 정치를 바꾸고 새로운 정치의 장, 실용적 중도의 길을 열 것"이라며 "국민들께서 반드시 견제와 균형의 원리를 작동시켜 국민의당을 지켜주실 것을 믿는다"고 호소했다. 그러면서 "제 체력이 완전 소진됐지만 정신력만으로 뛰고 있다"고 했다. 그는 대구 동산병원 의료봉사를 통해서도, 마라톤을 통해서도 또 다른 안철수를 보여주었다. 건승을 빈다.

2020. 4. 13

누가
안철수에게
돌을 던지랴

이번 코로나 사태서 가장 감동을 준 정치인은 안철수다. 보름 동안의 봉사활동을 마치고 오늘 오후 서울로 올라온단다. 안철수는 할 만큼 했다. 다른 어느 정치인보다 진정성이 돋보였다. 하루 이틀 의사 가운을 입었다면 쇼라고 할 수도 있었을 게다. 그러나 보름이나 머물렀다. 결코 쉬운 일이 아니다. 국민의당은 얻은 게 많다. 나도 비례대표 정당은 국민의당을 찍겠다고 공언한 바 있다.

민주당과 통합당에 실망한 유권자들이 대거 국민의당을 밀어줄 가능성도 있다. 그런 조짐도 일부 보인다. 그럼 최악의 정치인은 누구일까. 말할 것도 없이 문재인이다. 대통령이 한 일이라곤 청와대서 활짝 웃는 것밖에 생각나지 않는다. 나름 열심히 한다고 하지만 국민의 뇌리엔 그것이 먼저 떠오른다. 이미지 정치도 중요한 이유다. 총선서 심판받을 게다.

안철수는 대구에 내려가 봉사를 함으로써 기사회생한 측면도 있다. 안철수의 또 다른 면을 보여주었기 때문이다. 국민들도 그러한 안철수에게는 박수를 보냈다. 어쩌면 다시 본업으로 돌아가라고 응원을 했는지도 모른다. 나머지 판단은 오로지 안철수의 몫이다. 나 역시 안철수가 정치를 그만두었으면 하는 생각이다. 정치인 안철수의 한계는 드러났다. 대구 봉사와는 별개다.

국민의당은 비례대표로만 의석을 얻어야 한다. 몇 석이나 얻을 수 있을까. 내 마음 같아선 20석 이상 얻어 원내교섭단체를 구성했으면 좋겠다. 단 조건이 하나 있다. 안철수가 정계를 떠나는 조건으로. 그럼 정말 새로운 당이 만들어질 게다. 아무리 생각해도 정치인 안철수는 맞지 않다. 대통령 후보까지 지냈지만 여전히 초보티를 벗지 못하고 있다. 그의 수준이라고 할 수 있다.

나는 굉장히 이상적이다. 안철수에게 지금 정치를 떠나라고 하면 나보고 미친 소리를 한다고 할 것 같다. 안철수가 대구에 내려가 재능기부를 했듯이, 우리 정치사에서도 그런 발자취를 남기고 떠났으면 한다. 멋진 당을 하나 만들고 정계 은퇴를 하는 것. 그런

공약을 한다면 어떤 결과가 나올까. 안철수가 사심이 없다면 그 같은 시도를 한 번 해봤으면 한다.

정치인들을 많이 본다. 멋지게 마무리를 하고 떠나는 사람들은 극히 드물다. 나는 이번에 두 명을 평가했다. 정병국 의원과 주승용 국회부의장. 둘도 미련이 많이 남을텐데 불출마를 선언했다. 주 부의장은 정계를 완전히 떠난다고 했다. 이처럼 비우는 순간 그에 대한 평가도 달라진다. 안철수도 그랬으면 좋겠다. 험한 정치판에 더 이상 머물지 말고, 새정치의 모습을 보여준 뒤 홀연히 터는 모습을 보여달라.

물론 안철수는 다음 대선을 노릴 게다. 그런 마음부터 비워야 한다. 대권도 일종의 사심私心이다. 그런 마음을 갖고 있는 이상 도로 안철수가 된다. 정치판은 더럽다. 안철수는 지금까지 비교적 깨끗한 정치를 해왔다. 대선 출마는 한 번으로 족하다. 총선까지 딱 한 달 남았다. 끝까지 완주할 것인지도 생각해 봐라. 지금쯤 던져도 된다. 비례대표 의석 몇 석은 의미가 없다. 한선교의 제안도 검토하기 바란다. 하나로 뭉치는 게 필요한 때다.

2020. 3. 15

안철수-한선교가
손을 잡을 수도 있다

한선교 미래한국당 대표가 딴마음을 품고 있
다는 얘기가 흘러 나온다. 황교안 통합당 대표의 말을 듣지 않는
다는 것. 원래 미래한국당은 통합당의 위성정당으로 만들었다.
그런데 비례대표 의석만 20석 이상 확보할 것으로 예상되니까 한
선교도 다른 생각을 하는 듯하다. 황교안 대표가 미는 비례대표
후보들을 보이콧하고 있다는 소리도 들린다. 그래도 황교안으로
서는 어찌할 도리가 없다. 20석 이상이면 원내교섭단체를 구성할
수 있다. 한선교 측이 자기 사람을 심을 수도 있다는 얘기다. 황
교안이 또 다른 속앓이를 할 것 같다. 정치는 생물이라서.

정말 정치판은 알 수 없다. 한선교 대표가 대구에 내려가 안철

수를 만난다는 기사도 눈에 들어왔다. 그냥 내려갈 리는 없다. 사전에 어느 정도 얘기가 됐다는 얘기. 이번 총선이든, 총선 이후든 뭔가 연대할 필요가 있으니까 만난다고 할 수 있다. 둘이 손을 잡을 수도 있다는 뜻이다. 정치 9단 박지원 의원도 이를 두고 논평을 했다. 재미 있는 분석이라 소개한다.

박 의원은 11일 안철수 국민의당 대표가 차기 대권을 노리고 미래통합당의 위성비례정당인 '미래한국당'과 손을 잡을 것으로 봤다. 성급한 판단 같기는 하지만, 개연성은 낮지 않다고 본다. 그 판단 근거로 대표적 친박이면서 황교안 대표 측근이 아닌 한선교 미래한국당 대표와 대선 후보경쟁 때 황교안 통합당 대표를 꺾으려면 친박 지원이 필요한 안철수 대표, 양자의 이해관계가 맞아떨어지고 있다는 점을 들었다.

박 의원은 이날 MBC라디오 '김종배의 시선집중'과 전화인터뷰에서 진행자가 "미래한국당 한선교 대표가 대구로 내려가 의료봉사활동 중인 국민의당의 안철수 대표와 만나서 합치자고 제안할 것이라는 보도가 있다"고 하자 "타협의 가능성(미래한국당과 국민의당 통합)이 높다"면서 "그 길이, 안철수 대표가 보수에서 대통령 후보로 갈 수 있는 길로 성큼 다가가는 길이다고 판단할 것"이라고 내다봤다.

다시 말해 안철수가 친박 세력을 당내 지지기반으로 삼아 대통령 후보 진출을 시도할 것이라는 전망이다. 진행자가 "한선교 대표 움직임이 사전 물밑 접촉이 있는 것인지, 언론플레이인지" 궁금해 하자 박 의원은 "어느 정도 교감이 있었지 않는가 그렇게 본다"고 말했다. 나 역시 같은 판단을 한다. 명색이 같은 대표급인데 사전 조율 없이 내려갈 리는 없을 터. 안철수와 한선교의 이해관계가 맞아 떨어질 수도 있다.

만약 이런 구도로 흐른다면 통합당과 황교안은 죽 쒀서 개 주는 격이 된다. 누구도 예상하지 못했던 구도다. 한선교도 손해보는 장사가 아니어서.

2020. 3. 11

안철수와
의사,
그리고 정치

#1: 내 생각이다. 안철수를 복지장관 시키면 어떨까. 잘할 것 같다. 안철수가 대구에 내려가 의료봉사 하는 사진을 봤다. 정치인들이 내려가더라도 안철수처럼 해야 한다. 사진만 찍고 올라오면 소용 없다. 안철수는 의사 출신. 방호복을 입고 음압병동을 찾았다. 정치인 가운데 가장 적극적이다. 정세균 총리도 이랬으면 좋겠다. 안철수에게도 기회를 주라. 국가 발전에 기여할 수 있도록. (3월 1일)

#2: 정치의 세계는 비정하다. 안철수 덕에 배지를 단 사람이 최소 20여명은 될텐데 딱 두 명 남았다. 지역구 권은희 의원과 비례대표 이태규 의원. 둘다 실리 대신 의리를 지켰다. 노무현이 생각난

다. 2002년 노무현을 지지한 사람은 딱 한 명. 천정배 뿐이었다. 그럼에도 노무현은 대통령에 당선됐다. 때론 한 사람이 일당백 역할을 하기도 한다. 안철수도 그런 꿈을 꿀 게다. 그럼에도 나는 안철수의 정계은퇴를 촉구해 왔다. 안철수는 마지막 희망이 있다. 배 두 척이 남아 있으니. (3월 1일)

#3: 안철수가 초라한 모습을 그대로 보여주고 있다. 동정을 사려고 그런지도 모르겠다. 나는 처음부터 안철수당에서 지역구는 한 명도 배출하지 못할 것으로 봤다. 정치는 현실이라서. 누가 찍어주겠는가. 안철수도 꼬리를 내렸다. 비례대표만 공천하겠다고 했다. 국민의당에 들어온 권은희 의원이 비례 1번이 될 것 같다. 그럼 2번은 안철수. 현재 국민의당 지지율은 1%대. 비례로는 5~10%의 지지를 받을 것 같다. 안철수의 몰락이다. (2월 28일)

요 며칠 안철수에 관해 올린 글이다. 어제는 정말 많은 사람들이 안철수를 칭찬했다. 대구 동산병원을 찾아가 자원봉사를 했다. 땀에 흠뻑 젖은 모습이 카메라에 잡혔다. 일부러 연출하지는 않았을 터. 안철수의 얼굴에서도 그것이 묻어났다. 문재인 대통령이나, 정세균 총리나, 황교안 대표에게서 없는 것을 읽을 수 있었다. 바로 진정성이었다.

정치인도 이처럼 작은 감동을 주어야 한다. 그럼 국민들이 박수친다. 사진만 찍고 올라와서는 아무 소용이 없다. 오히려 의료진들에게 폐를 끼친다. 안철수는 직접 확진환자를 돌보았다고 한다. 오늘도 다시 병원을 찾을 것 같다. 그게 쇼라도 좋다. 땀 흘리는 모습에 숙연해 진다. 문 대통령 내외가 청와대서 파안대소 하는 모습과 자꾸 오버랩 된다.

안철수가 의사로 돌아왔으면 좋겠다. 정치는 그만하고. 내가 복지장관을 시키면 어떻겠느냐고 제안한 이유이기도 하다. 안철수는 이번에 강한 이미지를 남겼다. 정치 말고도 할 일이 있다는 것을

2020. 3. 2

가장 미움을 많이 사는 정치인이다. 매를 스스로 번다고 할까. 그가 무슨 말을 하더라도 진정성을 믿기 어렵게 됐다. 가장 큰 문제는 설화舌禍다. 정치인은 말이 절반쯤 된다. 그런데 말로 다 까먹는 정치인의 전형이다. 역대 최악의 법무장관으로도 기억될 듯 싶다. 나중에 정권의 애물단지가 될 가능성도 크다. 윤석열 검찰총장과 갈등은 두고 두고 회자될 게다.

추미애 사태
끝나지 않았다

추미애 법무장관이 국민밉상으로 등극한 지는 오래 됐다. 작년 조국 전 법무장관 이상이다. 그럼에도 자리를 굳건히 지키고 있다. 조국보다 더 비양심적이라는 뜻이다. 추미애는 창피한 줄을 모른다. 얼굴 두껍기로 따지면 당연히 1등이다. 그를 당할 자가 없을 듯 싶다. 서울동부지검이 최근 무혐의를 발표하자 되레 역공을 취하고 있다. 심지어 언론까지 협박하고 있다. 나도 추미애한테 고소를 당할지 모르겠다.

추미애도, 조국도 다르지 않다. 한참 모자라는 사람들을 법무장관에 앉히다보니 국민들을 겁박하고 있다. 얄팍한 법률지식을 앞세워 못된 짓을 한다고 할까. 참 나쁜 사람들이다. 요즘 신조어가

탄생했다. '추로남불'에 이어 '추안무치'까지 나왔다. 추미애의 맷집은 알아줄 만하다. 이렇게 조롱을 당하고 있는데도 꿈쩍하지 않는다. "떠들어 보아라. 나는 나대로 간다"고 작심한 듯 하다.

주호영 국민의힘 원내대표가 4일 추미애를 향해 거듭 직격탄을 날렸다. 추석 연휴 민심을 종합해 쏘아댔다고 할 수 있다. 그는 추미애 아들의 특혜 의혹에 불기소 결정이 내려진 것과 관련, "인사권과 지휘권을 가진 장관이 수차례 본인이 결백하다고 수사 가이드라인을 제시함으로써 추 장관이 자신의 사건을 결정한 것"이라고 주장했다. 이어 "검찰 내 항고를 통한 시정 방법도 있지만, 추 장관이 법무부 장관으로 있는 한 이 사건은 법무부와 검찰의 지휘 라인을 벗어난 특별검사가 결론 내려야 국민이 납득한다"고 강조했다.

주 원내대표는 "결백으로 밝혀졌으니 정치공세 한 사람들이 사과하지 않으면 형사절차를 밟겠다는 '추로남불', '추안무치', 여러 가지 사자성어를 만들어내는 지경에 이르렀다"면서 "이 사건을 이대로 넘어갈 수는 없다. 반드시 제대로 된 절차를 통해 결론을 내야 할 것"이라고 말했다. 따라서 추미애 사태는 2라운드로 접어들었다고 할 수 있겠다. 아직 끝나지 않았다는 얘기다.

지금까지 보더라도 추미애가 스스로 물러날 가능성은 거의 없다. 나는 사태 초기에는 추미애가 자진 사퇴할 것으로 내다봤었다. 그에게 최소한의 양심을 기대했기 때문이다. 내가 추미애를 너무 과대 평가한 측면이 있었다. "절대로 그럴 사람이 아니다"라는 주변의 지적에 더 귀를 기울였어야 했다. 이 같은 추미애의 태도 때문에 문재인 정부 지지율도 깎아먹고 있다. 추미애는 그런 사실마저 부인할 게다. 그렇지 않다고. 자기 편리한대로 생각하는 사람이라서.

추미애한테 특효약이 없을까. 검찰의 반란을 기대하기도 어렵다. 대한민국 검찰은 패기도, 자존심도 없다. 추미애가 검찰을 그렇게 만들었다.

2020. 10. 5

추미애 사태,
더 끌수록
민심 나빠진다

추미애를 정치권에 입문시킨 사람은 DJ이다. 따라서 추미애는 DJ로부터 정치를 배웠다고 할 수 있다. DJ가 살아있다면 추미애 사태를 어떻게 볼까. DJ가 가장 중요시 여겼던 것은 민심이다. 정치도 민심을 거스를 수 없다고 했다. 지금 민심은 추미애 아웃이다. 그럼에도 민주당은 추미애를 감싸고 있다. 청와대는 계속 침묵 모드다.

나는 조국 때도 그랬지만 추미애가 법무장관으로서 부적격하다고 보았다. 1987년부터 검찰을 출입하면서 지켜봐온 바다. 물론 처음에는 판사 출신이라 기대를 했던 것도 사실이다. 설마 조국보다는 낫겠지 생각했다. 그러나 조국과 도긴개긴이다. 문재인 대통령이 둘다 잘못 보았다. 하필이면 그런 사람들을 법무장관에 앉혔을까.

또 다시 상식을 강조한다. 조국도 마찬가지지만 추미애 역시 상식과 너무 동떨어져 있다. 군대를 다녀온 사람들에게 물어보라. 추미애가 한 짓이 특혜가 아니라고 말할 수 있는지. 현재 여권은 추미애 살리기에 모두 동원되다시피 했다. 내가 보기엔 제정신이 아니다. 장담컨대 추미애는 물러날 수밖에 없다. 왜 한 치 앞도 내다보지 못하는가.

여권 인사 가운데 딱 한 사람 바른 말을 했다. 바로 정세균 국무총리다. 이낙연 민주당 대표는 여전히 눈치를 보고 있다. 이럴 땐 당에서 총대를 멜 필요도 있는데 문 대통령 심기를 건드리지 않으려는 이낙연의 평소 모습이 그대로 드러났다. 이낙연도 강력한 지도자가 되려면 아닌 것은 "노"를 할 줄 알아야 한다. 이낙연에게 그것을 기대하는 것 자체가 무리인지도 모르겠다.

"같은 국무위원(으로서) 자녀 문제로 국민들께 심려를 끼쳐드려서 참 민망한 생각을 가지고 있다. 이 문제는 조속하게 정리돼서 국민들께서 이런 문제로 걱정을 더 안 하게 하는 게 마땅한 도리가 아닌가 생각한다. 이 문제를 젊은이들이 걱정하는데 그들에게 걱정을 끼치게 해서야 되겠는가" 정세균 국무총리가 지난 10일 밤

JTBC에 출연해 한 말이다. 국민들은 최소한 이 정도의 말을 듣고 싶어 한다. 그런데 민주당 의원들은 추미애 감싸기에 혈안이 되어 있다. 논리도 없다. 그냥 엄호한다. 그러다가 국민들로부터 날벼락을 맞을 지 모르겠다. 모든 것은 사필귀정이다.

민주당 의원들의 추미애 엄호는 민심에 더 불을 지를 가능성이 크다. 상식적으로 볼 때 얼토당토 않은 말을 하고 있기 때문이다. 가령 이런 경우다. "국방부에 알아보았더니 하나도 규정에 어긋나지 않더라" 국방부가 최근 내놓은 해명조차 믿을 수 없다는 의견이 더 많다. 오히려 웃음거리가 되고 있는 실정이다. 나중에 어떻게 수습할지 걱정스럽다.

여권 일각에서 추미애 해명을 추진하고 있다고 한다. 그렇게 한다고 사태가 해결되겠는가. 추미애의 추는 이미 기운지 오래다. 더는 민심에 불을 지피지 말라. 추미애 교체만이 답이다. 답이 뻔히 나와 있는데 왜 머뭇거리는가. 시간을 끌수록 손해보는 것은 정부여당이다.

2020. 9. 12

맹구 취급 당하는
추미애,
버틸 힘은 있는가

#1: 나는 작년 조국 사태 때도 그랬다. 조국이 결국 물러날 것이라고. 이번에도 똑같이 예상한다. 추미애도 조국의 길을 밟을 게 분명하다고. 둘은 정직하지 못하다. 그런 사람들이 법무장관을 했거나 맡고 있어 비극을 초래하고 있다. 추미애도 버틸 모양이다. 하지만 시간을 버는 것에 불과하다. 물러나지 않을 수 없을 게다. 추미애에게 종말이 다가오고 있다.

#2: 나도 추미애가 문재인 정권의 애물단지가 될 줄은 몰랐다. 판사 출신이라 최소한의 양심은 기대했기 때문이다. 그런데 최악의 법무장관으로 기록될 것 같다. 역대 최악이다. 이제는 동네북이 됐다. 여기서도 터지고, 저기서도 터진다. 사퇴 말고는 달리 방법

이 없기도 하다. 추미애가 그 같은 선택을 하면 빨리 매듭될 터. 여권은 조국을 경험하고서도 정신 못 차린 듯 하다. 작년 10월 3일 개천절 광화문 집회가 생각나지 않는가. 추미애가 제발로 나가지 않으면 밀어내야 한다. 문재인 대통령이 결단할 필요가 있다.

#3: 추미애. 요즘 잠이 올까. 모두에게 버림받을 지도 모르겠다. 뭔가 숨기려다보니 새로운 사실이 계속 터지고 있다. 이런 것을 사필귀정이라고 한다. 왜 이렇게 됐을까. 누굴 원망할까. 자업자득이다.

내가 어제 하룻동안 추미애에 대해 올린 글들이다. 너무 터지니까 딱하다는 생각도 든다. 그런데 전혀 동정을 사지 못하고 있다. 그동안 해온 짓과 무관치 않다. 국회의원한테는 "소설쓰시네"라고 비하했고, 국민들에게도 고자세로 일관하고 있는 까닭이다. 이것은 배짱도 아니다. 한마디로 오만하다고 할 수 있다. 누구보다 정의로와야 할 법무장관이 그렇다.

진중권은 추미애를 맹구라고 했다. 한참 모자란다는 뜻이다. 그렇게 비난받아도 싸다. 그는 추미애가 아들 서모씨의 '군 휴가 특혜' 수사 등과 관련, "보고받지 않을 것"이라고 밝힌 데 대해 "맹구 같은 소리"라고 일갈했다. 진중권은 7일 페이스북에 글을 올려 "자신(추 장관)이 검찰총장이라고 착각한 듯"이라며 "어차피 법무부 장관은 개별 사건에 대해 보고를 받지 못하게 규정돼 있다"
고 가르쳤다.

검찰청법 7조에는 "법무부 장관은 검찰사무의 최고 감독자로서
일반적으로 검사를 지휘·감독하고, 구체적 사건에 대하여는 검
찰총장만을 지휘·감독한다"고 규정돼 있다. 추미애가 급하다보니
이 같은 규정도 착각한 채 새삼 보고를 받지 않겠다고 강조한 듯
하다. 이 같은 메시지를 출입기자들에게 돌렸다. 위기를 모면하겠
다는 의도에 다름 아니다.

진중권은 "애초에 자기 권한에도 없는 일을 안 하겠다는 건 또
무슨 맹구 같은 소리인지"라며 "이 무개념이 이분의 매력"이라고
했다. 그러면서 "바보 아니냐"라고도 했다. 그는 "(추 장관이) 선심을
쓰셨으니, 저도 그 답례로 불체포특권을 내려놓겠다"면서 "그러
는 사이에 사건은 1라운드 휴가연장 청탁, 2라운드 올림픽 통역
관 파견 청탁을 거쳐 3라운드 부대배치 청탁으로 비화한 상태"라
고 비꼬았다. 언제까지 이런 조롱을 당할 건가. (사퇴를)결단하라.

2020. 9. 8

추미애
이제 그만 물러나라

역대 최악의 법무부장관. 바로 추미애다. 왜 그렇게 됐을까. 본인이 자초한 측면이 크다. 검찰 개혁을 강하게 밀어붙이고 있지만, 추미애 자신의 결함이 너무 많아 동력을 얻지 못하고 있다. 국민들은 추미애에 대해 피곤함을 호소한다. "추미애 얼굴을 보지 않았으면 좋겠다"는 말도 나온다. 추미애도 이런 사실을 모를 리 없을 터. 그럼 방법이 딱 하나 있기는 하다. 자진 사퇴다.

추미애는 문재인 정권에도 부담을 주고 있다. 툭 하면 말썽을 피우니 말이다. 국회의원에게 "소설 쓰시네"라고 말하기도 했다. 그럼 문 대통령은 추미애를 이뻐할까. 그럴 리 없다고 본다. 아마 스스로 그만두기를 바라는 지도 모르겠다. 추미애는 정권 차원에서도 미운 오리가 됐다. 그를 엄호하는 민주당 의원들은 처연하기까지 하다.

나는 추미애가 조만간 물러나지 않을 수 없을 것으로 본다. 사실 아들 문제는 심각하다. 추미애가 거짓말 한 것으로 드러나고 있기 때문이다. 국무위원의 거짓말은 가볍게 넘길 사안이 못 된다. 정권의 신뢰와도 직결돼 있어서다. 여기에 민주당 김남국 의원이 한몫을 했다. 국방부에 확인한 결과 추미애 보좌관이 군에 전화를 한 것은 맞는 듯 하다고 했다.

반면 추미애는 그동안 "소설을 쓰시네" "보좌관이 뭐하러 사적인 지시를 받나" 등 강한 어조로 반발해 왔다. 야당 의원들이 압박을 해도 끄덕하지 않고 되받아치곤 했다. 아들 특혜는 없었다는 얘기다. 이제 쟁점은 추미애의 거짓말 여부로 옮겨 붙었다. 추미애의 주장대로라면 김남국이 거짓말을 한 셈이다. 결국 김남국이 진실공방에 기름을 끼얹었다.

김 의원은 4일 오전 'MBC 김종배의 시선집중'에 나와선 추 장관 아들 휴가 연장을 위해 보좌관이 군부대에 전화했다는 의혹과 관련해 "국방부를 통해 확인해봤는데 전화를 건 것은 사실인 것 같다"면서도 "민원성 문의 전화였다고 얘기하기 때문에 외압은 아니다"라고 했다. 이어 진행자가 '보좌관이 (추 장관 지시도 없이 알아서) 부대로 전화했다는 게 납득하기 어렵다'고 하자 "그렇게(부적절하게) 보인다"고도 했다. 김 의원은 "(아들의 진료 기록을) 공개하는 게 좋겠다는 뜻을 추 장관 측에 전달했다"면서 "진료 기록을 부풀려서 병가를 갔다면 특혜"라고 말했다.

이에 앞서 추미애는 지난 1일 국회 예결특위에 출석해 "당시 보좌관이 이렇게 전화를 한 사실은 맞느냐"는 박형수 국민의힘 의원 질의에 "보좌관이 뭐하러 그런 사적인 일에 지시를 받고 하겠느냐"며 "그런 사실은 없다"고 강하게 부인했다. 추미애가 2017년 민주당 대표로 있던 당시 보좌관 5명 가운데 4명은 알리바이를 댔다. 따라서 나머지 한 명이 전화를 했을 가능성이 크다.

진중권은 "아빠 찬스 조국, 엄마 찬스 추미애"라며 "조국 키즈 김남국이 정상적인 논평을 하는 걸 보니, 이제야 사태의 심각성을 깨닫고 (추미애를) 손절하려는 건가"라고 조롱했다. 아마 추미애는 끝까지 버티려고 할 것이다. 하지만 시계추는 낙마 쪽으로 기운 게 아닌가 싶다.

<u>2020. 9. 5</u>

추미애
법무장관 낙마
가능성 크다

#1: 결국 추미애도 아들 문제로 발목이 잡힐 것 같다. 추미애 아들 휴가 및 병가 등과 관련, 군 관계자들이 추미애 보좌관으로부터 전화를 받았다고 확인했기 때문이다. 그러나 추미애는 그린 사실이 없나고 했다. 거짓말을 한 셈이다. 국무위원의 거짓말은 일반인의 그것과 다르다. 나는 추미애의 낙마 가능성까지 점친다. 사필귀정이다. (9월 2일)

#2: 추미애는 참 밉상이다. 말도 그렇다. 미운 말만 골라서 한다. 그런 사람이 법무장관을 하고 있다. 그의 내면세계가 궁금하다. 비뚤어진 사람이 틀림없다. 검찰을 엉망진창 만들어 놓았다. 거기에 아부하는 사람도 있긴 하다. 예전 강금실은 추미애에 비하

면 양반이다. 추미애는 아들 문제로 곤욕을 치를 것 같다. 엄마 찬스 냄새가 난다. 검찰 수사가 주목된다. (9월 1일)

추미애 뉴스가 정치면을 도배질한다. 점차 거짓말을 한 사실이 드러나고 있는 까닭이다. 추미애가 아무리 법무장관의 지위를 이용해 덮으려고 해도 물증 앞에서는 어찌할 도리가 있겠는가. 거짓말을 한 사실이 확인되면 장관으로서 그 자리에 있기 어려울 듯 싶다. 무엇보다 국민들은 추미애의 언행에 진저리를 느끼고 있다. 모두들 보고 싶어 하지 않는다는 뜻이다.

문재인 대통령의 고민을 덜어주고 있는지도 모르겠다. 추미애를 자르려고 해도 명분을 찾기 어려웠는데 아들 문제로 혹이 커져 스스로 거취를 표명할 가능성도 없지 않다고 본다. 물론 추미애는 마지막까지 버틸 게다. 그러다가 작년 조국 꼴을 당할 공산이 크다. 잘못 했으면 스스로 내려와야 한다. 또 진실은 덮어지지 않는다. 군인들이 거짓말을 할 리도 없다.

추미애 법무부 장관의 아들 서모(27)씨의 '휴가 미복귀' 의혹과 관련해 당시 추(민주당)대표의 보좌관이 병가 연장을 문의했다는 해당 부대 행정지원장교의 발언 녹취록이 2일 공개됐다. 전날 추 장관이 국회에서 "그런 사실이 없다"고 해명한 것과 배치되는 내용이어서 논란이 예상된다.

신원식 미래통합당 의원은 이날 오전 국회 소통관 기자회견장에서 자신의 보좌진이 서씨가 근무했던 육군 카투사 부대의 지원 장교(A대위)와 통화한 음성 파일과 녹취록을 공개했다. 해당 녹취록을 보면, A대위는 추 장관의 보좌관과 통화한 사실을 수차례 밝히고 있다. 신 의원은 당시 서씨가 근무한 카투사의 지휘관이었던 B중령과의 통화 내용도 함께 공개했다.

매사가 그렇다. 꼬리가 길면 잡힌다. 추미애가 꼬리 자르기를 시도했지만 먹히지 않았다. 거짓말에 대한 책임을 어떻게 질지 궁금하다.

2020. 9. 2

추미애 장관과 문찬석 검사장의 상반된 시각

지난 7일 단행된 검찰 인사에서도 추미애 법무장관이 윤석열 검찰총장의 의견을 전혀 반영하지 않았다는 후문이다. 검찰과장을 대검으로 보내 윤 총장의 의견을 듣는 시늉만 했다. 적어도 차장이나 부장 등 대검 참모들은 총장의 의견을 반영해 발령하는 것이 맞다. 역대 장관들도 그래왔다. 그런데 그런 전통마저도 무시했다. 지금 윤 총장의 속은 속이 아닐 게다.

추 장관은 이번 인사가 아주 잘된 인사라고 스스로 평가했다. 이처럼 뻔뻔한 장관도 처음 봤다. 모두 마음이 편치 않다고 하는데 장관만 자화자찬한다. 정치인 출신이라 그럴까. 추 장관이 정상은 아니다. 어디서 나오는 오만인지도 모르겠다. 역대 최악의 장관으로 기록될 것은 말할 나위가 없다. 검찰 인사가 나오자마자 문찬석 광주지검장이 사표를 던졌다. 법무연수원 기획부장 발표를 보고나서다.

추 장관은 8일 페이스북에 올린 글에서 "인사가 만사"라며 검찰 고위급 인사가 원칙에 따른 것이라고 자평했다. 그는 "이제 검찰에서 '누구누구의 사단'이란 말은 사라져야 한다"면서, "줄이 없어도 묵묵히 일하는 검사들에게 희망을 드리고자 한 것"이라고 주장했다. 하지만 추미애 사단을 만든 것은 부인할 수 없는 사실이다. 그와 가까운 검사들은 요직을 차지하거나 승진을 했다. 그야말로 내로남불이다.

부장검사 출신인 미래통합당 김웅 의원은 이날 "정권 앞잡이인 애완용 검사가 득세하는 세상이 됐다"고 비판했다. 진중권도 "너도 검사냐는 소리를 듣던 사들이 요직을 차지했다"면서 "권력비리에 칼을 댈 사람들이 사라졌으니, 썩은 자들은 두 다리 쭉 펴고 잘 것"이라고 비난했다. 추 장관을 옹호하는 사람들은 찾아보기 어려웠다. 누가 보더라도 편가르기 인사임을 보여준다고 할까.

문 지검장은 추 장관에게 직격탄을 날렸다. 그는 검찰 내부 통신망 이프로스에 글을 올려 "'친정권 인사들'이니 '추미애 검사들'이니 하는 편향된 평가를 받는 검사들을 노골적으로 전면에 내세우는 이런 행태가 우려스럽고 부끄럽다"면서 "전국시대 조나라가 인재가 없어서 장평전투에서 대패하고 40만 대군이 산채로 구덩이에 묻힌 것인가. 옹졸하고 무능한 군주가 무능한 장수를 등용한 그릇된 용인술 때문이었다"고 추 장관을 빗댔다.

문 지검장은 '검언유착' 의혹 사건 수사 과정에서 수사지휘권을 발동한 추 장관의 행동에 대해서도 날선 비판을 내놨다. 추 장관을 겨냥해 "차고 넘친다는 증거는 어디에 있습니까"라고 반문한 뒤 "그 증거들이 확보됐다면 한동훈 검사장은 감옥에 있어야 한다. 검사로서 결코 해서는 안 될 행태를 했다는 것인데 그런 범죄자를 지금도 법무연수원에 자유로운 상태로 둘 수가 있는 것인가"라고도 물었다.

곧 있을 차부장급 인사도 주목된다. 최대 관심은 한동훈 검사장에게 몸을 날린 서울지검 정진웅 형사1부장이 어디로 가느냐는 것. 그가 서울지검 1차장으로 승진할 가능성도 있다. 추미애식 인사라면. 그럼 정말 난리가 날 게다.

2020. 8. 9

추미애는
국민도 무시한다

국회 대정부질문을 보면 국회의원 및 국무위원들의 실력이 드러난다. 어제 대정부질문에서는 정말 꼴불견이 연출됐다. 그 장본인은 추미애 법무장관이다. 답변하러 나온 것인지, 따지러 나온 것인지 알 수 없었다. 그렇지 않아도 미운털이 많이 박혔는데 정말 눈 뜨고 못 봐 줄 지경이었다. 추미애 자신은 잘 하는 줄 알 지도 모른다. 그렇지 않다면 그렇게 답변할 리가 없다.

답변하는 태도가 안하무인 격이었다. 이는 국민을 깔보는 행위와 같다. 국회의원은 국민을 대신해 궁금한 것을 묻는다. 그럼 거기에 성실히 답변하는 것이 예의다. 그런데 추미애는 인상을 찌푸

리면서 발끈했다. 한 번 붙자고 팔을 걷어붙히는 것 같았다. 자기의 선명성은 올라갈지 모른다. 하지만 정권에는 부담을 준다. 추미애 때문에 문재인 대통령 지지율도 더 떨어질 것 같다.

법무장관의 영어명칭은 the Minister of Justice이다. 정의Justice가 들어가 있다. 추미애한테서 그것이 읽히는가. 그 반대다. 떼를 쓰는 것 같기도 하다. 그래선 안 된다. 추미애는 태도부터 바꾸어야 한다. 누구를 가르치 듯 얘기한다. 국무위원도, 국회의원도 국민을 섬기는 자리다. 고개를 숙이는 것이 먼저다. 추미애가 금도를 얘기하려면 자신부터 고쳐야 한다.

22일 국회 대정부질문에서는 미래통합당 김태흠 의원과 추 장관이 맞붙었다. 둘은 사사건건 부딪쳤다. '수명자'(법률 명령을 받는 사람)라는 법률 용어가 유출 증거라는 김 의원의 주장에 추 장관이 "그래서 어쨌다는 건가"라고 거칠게 응대하면서 언성이 높아졌다. 추 장관이 문건 유출을 부인하자 김 의원은 "국민이 의심한다. 법무장관이 그러니까 나라 꼴이 공정과 정의가 무너졌다는 것"이라고 공세를 펼쳤고, 추 장관은 "의원님만 그렇게 주장하는 것"이라며 반격했다.

김 의원이 "장관님 기분 가라앉히고, 여기 와서 싫은 소리를 들어야 하는 거다"라고 지적했고, 추 장관은 "싫은 소리를 들을 자세는 충분히 돼 있지만, 모욕적 단어나 망신 주기를 위한 질문은 삼가 달라"고 맞받았다. 김 의원은 물러서지 않고 수명자라는 표현에 대한 지적을 계속하자 추 장관은 김 의원의 말을 끊고 "(해당 표현이) 법률 사전에 있다니까요"라고 격앙된 목소리로 말했다. 급기야 김 의원은 "내 말 끊지 마시라"라고 소리치며 박병석 국회의장에게 "주의를 줘야 한다"고 촉구했다.

추미애는 싸우러 나온 듯한 인상을 풍겼다. 김태흠이 못할 말을 한 것도 아니었다. 질문 내용은 국민들이 가장 궁금해 하는 대목이기도 하다. 추미애는 법무장관으로서 자격이 없다. 역대 최악의 법무장관으로 남을 듯 하다. 5선까지 한 국회의원 출신이다. 누구보다 국회를 잘 아는 사람이 적반하장 격으로 나오니 할 말을 잃게 한다.

추미애에게 경고한다. 최소한의 기본 예의부터 다시 공부하기 바란다. 고압적 태도를 버려야 한다. 법무 검찰 망신을 장관이 시켜서야 되겠는가. 국민은 막가파 장관을 원하지 않는다.

2020. 7. 23

천방지축 추미애,
이제는 부동산 정책도
뛰어든다

추미애가 요즘 좌충우돌한다. 오지랖이 국가
대표급이다. 오늘(18일)은 '금부분리 정책' 및 그린벨트 얘기까지
했다. 국토교통부 장관이 멋쩍어 할 것 같다. 자기 소관부처도 못
챙기면서 끼어든다. 서울시장이나 대통령이라도 된 줄 아는가. 뭔
가 크게 착각하고 있는 모양새다. 못 말려 장관이다.

"무당이 칼춤 추는 것 같습니다. 그 칼이 자칫 자신의 목을 겨눌
지도 모르겠다는 불길한 생각이 듭니다.""자기에 대한 과도한 믿
음은 때론 방종으로 나타나게 됩니다. 니나 잘하세요 하는 말이
그래서 나온거지요 ㅋㅋ""낄때 안낄때 구분도 못하는 사람 아
닌가? 형조판서 짓이나 잘 하소~~~""법무장관으로 자격이 있

는지도 의심스러운데. 서울시장을 바라나보죠.""노망입니다""ㅋ
ㅋㅋ 못말려 장관! 어쩜 저렇게 되나 모르겠네요. 원래 그랬을까
요?""추통령"

내 페이스북에 올라온 댓글들이다. 하나같이 비판적이다. 추미애
도 이를 모를 리 없을 터. 일부러 그랬다고밖에 볼 수 없다. 관심
을 끌기 위해서다. 관음증 환자는 바로 추미애다. 언론이 아니고.
추미애식 내로남불이라고 할까. 참 편리하게 생각하고, 글도 쓴
다. 추미애를 뜯어말릴 사람도 없다. 내가 오죽하면 문재인대통령
한테 추미애좀 말려달라고 했을까.

추미애는 이날 페이스북을 통해 ^(서울 집값이 잡히지 않는) 근본 원인은
금융과 부동산이 한몸인 것에 있다"면서 "그 결과 부동산이 폭
락하면 금융부실을 초래하고 기업과 가계부채가 현실화되면 경
제가 무너진다. 이러시도 서러지도 못하는 부동산 족쇄 경제가
돼 실효적 정책을 펼 수 없는 것"이라고 지적했다.

그는 또 "한국 경제는 금융이 부동산을 지배하는 경제"라며 "돈
없는 사람도 빚을 내서라도 부동산을 쫓아가지 않으면 불안한
사회가 됐다"고 했다. 이어 "금융의 산업지배를 막기 위해 20세기
금산분리제도를 고안했듯이 이제 금융의 부동산 지배를 막기 위
해 21세기 '금부분리 정책'을 제안한다"고 덧붙였다. 하지만 '금부

분리 정책'에 대해 "금융과 부동산을 분리한다"는 말 외에 구체적인 설명은 붙이지 않았다.

솔직히 추미애가 무엇을 알겠는가. 금융을 알겠는가, 부동산을 알겠는가. 국무위원이 초등학생 수준의 상식 갖고 끼어든다는 지적이 많았다. 오세훈 전 서울시장은 "금부분리? 참으로 희한한 '듣보잡 이론'"이라며 "부동산담보로 대출하는 것 금지하자? 아주 시장경제 하지 말자고 해라"라고 일갈했다. 다소 뜬금 없다는 얘기다.

진중권도 "법무부 장관 최강욱(열린민주당 대표), 국토부 장관 추미애. 서울시장 나올 모양이다. 아니면 대권?"이라고 비꼬았다. 추미애가 "법무부 장관도 국무위원으로 국가 주요 정책에 대해 의견을 표명할 수 있다"고 밝힌 데 대해서는 "근데 정작 해야 할 법무부 장관 역할은 최강욱한테 맡겨놓고, 페북질(페이스북 질)로 국토부 일에 훈수를 두고 있으니 문제"라고 때렸다. 추미애가 왜 이 같은 분란을 만드는지 모르겠다. 서울시장을 위한 포석인가.

2020. 7. 19

추미애
문고리 권력은
또 뭐냐

추미애 주변에 바람 잘 날 없다. 진원지는 추미애다. 자기 때문에 소문이 나는 데도 남 탓을 한다. 언론을 협박하기도 한다. 법적 대응을 하겠다고도 한다. 나도 제소를 당할지 모르겠다. 언론이 의혹을 제기하는 것은 당연하다. 거기에 대해 기면 기고, 아니면 아니라고 하면 된다. 언론의 입까지 막을 필요는 없다는 얘기다.

지금 구린 사람은 추미애다. 추미애 자신이 만든 입장문 가안이 최강욱 등 여권 인사들에게 흘러갔는 데도 거기에 대해서는 별다른 입장을 내놓지 않고 있다. 사실 이 문제는 간단치 않다. 기밀로 까지는 볼 수 없지만, 어쨌든 언론에 발표되지 않은 내용이 새 나갔다. 거기에 따른 책임을 묻는 것이 당연하다. 그러나 추미애 측은 그럴 생각이 없다고 한다.

문고리 권력이라는 얘기도 나온다. 추미애는 12일 페이스북에 글을 올려 "언론의 공격이 어제오늘 일이 아니지만 멋대로 상상하고 단정 짓고 비방하지 않기 바란다"면서 "마치 제가 과장들 대면 보고를 받지 않고 보좌관을 방패로 삼고 면담조차 거절한다고 하는데 저는 그런 비민주성을 생리적으로 좋아하지 않는다"고 강조했다.

이날 한 언론은 추 장관이 법무부 검찰국장 등 고위 간부들의 대면보고 대신 국회의원 시절 비서관 출신인 이규진 정책보좌관을 통해 대부분의 정책 보고를 받고 있다고 보도했다. 그럼 이 같은 보도내용이 틀린 걸까. 나도 정확한 내용은 모르지만 개연성은 높다고 본다. 국회의원들은 비서관을 손발처럼 부린다. 이 보좌관이 추미애의 오른 팔인 것은 틀림 없는 사실이다. 이 보좌관은 가안을 유출한 장본인으로 지목받기도 하지만 법무측은 아니라고 했다.

추미애는 "담당 과장의 나홀로 대면 보고로 바로 결재할 경우 실수하거나 잘못 결정되는 위험이 있어 대체로 토론을 통해 다수의 의견을 청취한 후 결정한다"면서 "해당 실·국본부장이 과장들에게만 보고를 시키지 말고 담당업무나 현안을 다 파악을 하도록 하며 관리자로서 리더십을 발휘하도록 당부했다"고 전했다. 이어 "다양한 회의를 수시로 열어 토론을 하고 다수의 의견을 모은 후 결론을 내리는 방식으로 일을 하고 있다"면서 "법무부가 외부 의견을 들을 필요가 있을 때는 관련 실·국본부직원과 함께 외부 전문가를 초청해 세미나나 간담회도 자주 열고 제가 직접 경청하고 있다"고 덧붙였다.

추미애는 지난 9일 '입장문 유출' 의혹에 대해서도 SNS를 통해 즉각 반박에 나선 적이 있다. 그는 "통상 장관 비서실은 SNS로 전파하고, 법무부 대변인실은 언론인들에게 공지를 하기에 이 건은 달리 오해할 만한 점이 없다"면서 "제가 작성한 글에 이상한 의문을 자꾸 제기하시는데 명확하게 해드리겠다"고 말했다. 그러면서 관련 메신저 대화를 공개하기도 했다.

추미애는 이 정권의 골칫덩이가 됐다. 그 때문에 문재인 대통령 지지율이 떨어질 가능성도 있다. 이리저리 날뛰는 느낌을 준다. 불안정하다는 뜻이다. 국민이 법무장관을 걱정해야 할 처지다.

2020. 7. 13

추미애의
내로남불

추미애 법무장관은 참 세상 편하게 산다. 지금 윤석열 검찰총장을 무릎 꿇렸다고 웃고 있을 지도 모른다. 하지만 그는 이긴 게 아니다. 억지를 부리고 있을 뿐이다. 모든 것을 자기 편리한대로 해석하고 행동한다. 언론을 향해 겁박을 하기도 한다. 언론은 누구든지 비판할 권리와 자유가 있다. 그것을 보장해야 할 사람이 막으려고 한다. 어디서 배운 민주주의인지 알 수 없다.

추미애가 윤석열의 건의사항을 거부한 뒤 작성한 초안이 일부 정치권에 유출됐다. 언론사도 받지 못한 자료였다. 그런데 추미애는 별일 아니라고 한다. 언론사는 대변인이 상대하고, 참모진이 SNS

등을 통해 소통한다고 했다. 초안을 유출해도 상관 없다는 뜻이다. 감찰을 할 계획도 없다고 했다. 말 그대로 내로남불이다. 만약 이 같은 일이 윤석열 측에서 일어났다고 해도 가만히 있었을까. 난리를 피웠을 게다.

최초로 페이스북에 올린 것으로 알려진 최민희 전 의원은 10일 "추 장관 보좌진 중 한 명으로부터 최종 확정본이라는 메시지를 받았다"고 밝혔다. 최강욱 열린민주당 대표가 전날 "최 전 의원 글을 복사했다"고 밝힌 지 하루 만이다. 최 전 의원은 "그동안 취재에 응하지 못한 건 메시지를 받았을 뿐이라 답할 말이 없었기 때문"이라며 "추 장관의 페이스북 글을 보고 저간의 사정을 알게 됐다"고 설명했다.

당시 상황을 재구성해 본다. 추미애는 지난 8일 오후 7시 20분쯤 입장문 초안을 작성해 법무부 대변인에게 전달했다. 오후 7시 40분쯤 대변인은 수정안을 보고했고, 추 장관은 "메시지 둘 다 좋다"며 공개를 지시했다. 이어 오후 7시 50분쯤 언론에는 수정안이 공개됐지만 추 장관 보좌관실은 초안을 최 전 의원 등에게 전달했다. 최 전 의원은 오후 7시 56분쯤 페이스북에 해당 내용을 올렸고, 최강욱은 이를 보고 9시 55분쯤 올렸단다. 최강욱이 올린 법무부 알림은 조국 백서 필진 관계자들도 페이스북에 올렸다가 지웠다.

따라서 추미애 보좌진이 여권 측 인사들에게 직접 입장문 초안을 보낸 것으로 보인다. 추 장관은 이를 두고 "장관 비서실은 SNS로 전파하니 오해할 만한 점이 없다"면서 "특정 의원과 연관성 등 오보를 지속하면 상응한 조치를 하겠다"고 밝혔다. 언론이 문제점을 제기하는 것은 당연하다. 그것마저 차단하려고 하는 것은 잘못이다. 끼리끼리 논다는 비난을 피할 수 있겠는가.

또 진중권이 일갈했다. 그는 "법무부에서 감찰에 들어가야 하는데 당연히 감찰할 리 없다"면서 "장관의 명으로 성명 미상자가 최 전 의원을 포함한 일군의 사람들에게 법무부의 입장을 보여주는 문언을 유출한 혐의는 반드시 진상을 규명하고 넘어가야 한다"고 말했다. 이는 진중권이 주장이 옳다. 그냥 슬그머니 넘어갈 일이 아니다. 한마디로 기강해이다.

추미애도, 최민희도, 최강욱도 생각이 같다. 윤석열이 물러났으면 하는 바람이다. 그들이 올리거나 공유한 글에도 그것이 묻어난다. 국정을 농단하는 사람들은 바로 이들이다. 하늘 무서운 줄 알라.

2020. 7. 11

추미애의 목표는
딱 하나,
윤석열 사퇴다

#1: "9일 오전 10시까지 하루 더 기다리겠다" 추미애 법무장관이 윤석열 검찰총장에게 보낸 최후 통첩이다. 정말 이래도 되는지 묻지 않을 수 없다. 윤석열이 아무리 미워도 그렇지 있을 수 없는 일이 벌어지고 있다. 총장도 장관급이다. 마치 초등학교 선생님이 1~2학년 다루 듯 한다. 망신을 주겠다는 것 이상도 이하도 아니다. 추미애의 지시가 부당하다는 것은 전국 검사장들이 모여 의견을 같이 했다. 따라서 윤석열이 따르지 않을 가능성도 없지 않다. 점입가경이다.

#2: 윤석열은 어떤 선택을 할까. 악법도 법이라고 했으니 추미애의 지시(?)에 대한 답은 해야 한다. 대응을 하지 않는 것도 방법이

긴 하나 그럴 경우 후폭풍이 만만치 않을 게다. 둘 중 하나는 상처를 입게 된다. 추미애는 지금 자기 정치를 하고 있다. 장관이 아니라 정치인 추미애다. 윤석열의 대응이 주목된다.

나는 어제 이 같은 글을 페이스북에 올렸다. 그 뒤 상황이 급반전 됐다. 윤석열이 절충안을 내놓았다. 그것은 현재 검언 유착의 혹 수사를 맡고 있는 서울지검 형사1부가 포함된 독립수사본부를 설치하는 것이었다. 추미애의 지시를 90%쯤 수용한 것으로 볼 수 있었다. 그러나 추미애는 즉각 거부 의사를 나타냈다. 윤석열을 벼랑끝으로 몰았다고 할까.

추미애는 윤석열로부터 100% 항복을 받아내려고 작심한 듯 하다. 그것은 윤석열의 사퇴다. 이게 추미애의 뜻 만도 아닌 것 같다. 청와대와 조율 냄새가 난다. 물론 추미애와 법무부 측은 아니라고 부인한다. 하지만 최강욱을 비롯한 친문들은 법무부의 가안까지 공유하는 등 여러 가지 의혹이 있다. 아마도 이것 때문에 청와대와 추미애가 어려워질 가능성도 있다.

'법상 지휘를 받드는 수명자(윤석열)는 따를 의무가 있고 이를 따르는 것이 지휘권자(추미애)를 존중하는 것임. 존중한다는 입장에서 다른 대안을 꺼내는 것은 공직자의 도리가 아님. 검사장을 포함한 현재의 수사팀을 불신임할 이유가 없음' 추미애 장관의 수사지휘권 발동을 둘러싼 법무부 내부 논의 과정이 8일 최강욱 열린민주당 대표를 비롯한 범여권 인사들을 통해 SNS에 게재됐다가 부랴부랴 삭제됐다. 이게 있을 수 있는 일이냐.

최강욱은 위와 같은 메시지를 올리면서 "'공직자의 도리' 윤 총장에게 가장 부족한 지점. 어제부터 그렇게 외통수라 했는데도… ㅉㅉ"이라고 글을 썼다. 법무부 출입 기자들도 받지 못한 메시지를 최 대표가 공개하자 문의가 이어졌고 약 12분 후 법무부 대변인실은 "최강욱 의원이 페이스북에 올린 글은 법무부의 메시지가 아니다. 이와 같은 메시지를 배포한 적도 없고, 현재로서는 배포할 계획도 없다"고 밝혔다.

법무부가 이날 오후 7시 50분쯤 언론에 배포한 메시지는 '총장의 건의사항은 사실상 수사팀의 교체, 변경을 포함하고 있으므로 문언대로 장관의 지시를 이행하는 것이라 볼 수 없음'이었다. 말하자면 가안이 흘러나갔던 셈. 윤석열 죽이기에 모두 나섰다고 볼 수 있다. 오호 통재라.

2020. 7. 9

김종인

변신의 귀재다. 비례대표로만 5선을 했으니 한국에서 그를 당할 자가 없다. 노욕의 화신으로 비친다. 그런 사람을 비대위원장으로 끌어온 국민의힘도 문제이긴 하다. 그러다 보니 전체적으로 당의 활력이 없다. 다음 대선에서도 분명 역할을 할 것이다. 최소한 킹메이커 역할은 하려 들터. 그가 나설수록 야권의 힘은 약해지리라 본다.

국민의힘,
'김종인 제거 쿠데타'를
기대한다

우리나라서 야당이라고 해야 국민의힘 밖에 없다고 할 수 있을 정도다. 정의당은 민주당 2중대 성격이 짙고, 국민의당은 의석수 3명에 불과하다. 야당의 첫 번째 목표는 정권교체다. 빼앗긴 정권을 찾아오는 것. 그러나 지금 국민의힘을 보면 그런 의지를 읽을 수 없다. 솔직히 무엇을 하고 있는지 모르겠다. 나는 리더십 부재에서 그 원인을 찾는다.

김종인 비대위원장이 자리에 있는 한 달라질 게 없다. 야당은 시끌벅적하고, 여러 목소리가 나와야 한다. 그런데 죽은 정당 같은 느낌도 든다. 김종인도 그렇고, 주호영 원내대표도 존재감이 없다. 이처럼 무기력한 지도부는 처음 본다. 그것 역시 당 소속 의원들이 선택한 결과다. 그러니 누구 탓을 할 수도 없다. 김종인 영입이 최대의 악수다.

민주당에는 강력한 대권주자 두 명이 있다. 이낙연 대표와 이재명 경기지사. 이 둘이 어쨌든 대선정국을 이끌어 갈 것으로 본다. 여기에 김경수 경남지사까지 가세하면 더 주목을 받게 될 터. 무엇보다 정치는 관심부터 끌어야 한다. 표로 연결돼느냐는 그 다음 문제다. 민주당은 그런 점에서 큰 걱정을 하지 않아도 된다. 친문 지지층에다 다른 지지세력을 끌어오면 선거를 쉽게 치를 수도 있다.

반면 국민의힘은 유력 주자가 없다. 현재 당내는 없다시피 하다. 원희룡 제주지사 정도 눈에 띈다고 할까. 유승민 전 의원도 있는지, 없는지 모를 정도다. 차라리 지명도만 놓고 보면 김종인이 더 높다고 할 수 있다. 김종인 대망론이 나오는 이유이기도 하다. 당에 유력 대권주자가 있고 없고는 큰 차이가 있다. 지지율에서도 그렇다. 국민의힘에 유력 주자가 있으면 지금보다 지지율이 올라갈 게 틀림 없다.

홍준표와 안철수는 당 밖에서 몸을 풀고 있다. 이들도 당 안으로 끌어들여야 한다. 그런 다음 그들에게도 기회를 주고 대선판을 키울 필요가 있다. 대선이 많이 남은 것도 아니다. 1년 5개월 여

F학점의 그들

남았다. 유력 주자를 만들어 가야 하기에 시간이 별로 없다고 해도 과언이 아니다. 왜 지는 게임을 하려고 하는지 모르겠다. 국민의힘에서 쿠데타라도 일어났으면 좋겠다. 그것은 선의의 쿠데타다. 김종인을 제거하는.

당 밖의 분위기는 이런데 국민의힘 내부는 의외로 조용하다. 장제원 의원이 김종인 위원장을 비판하는 것을 빼면 다른 목소리도 들리지 않는다. 한참 목소리를 내야 할 초재선은 무엇을 하는지 묻고 싶다. 그러다 보니 당의 활력이 없다. 국민의힘에도 젊은 목소리가 있었다. 남경필 원희룡 정병국 등이 '남원정'으로 주목을 받은 바 있다. 그런 움직임과 목소리가 또 나와야 한다. 우선 김종인의 목부터 치고 나오기 바란다.

정치는 그렇다. 손에 피를 묻혀야 해결된다. 김종인은 서울시장 선거 때까지 내부총질을 하지 말자고 한다. 자기의 권력유지를 위해서다. 김종인 스스로 물러나면 가장 좋다. 그렇지 않기에 쿠데타를 얘기하는 것이다.

2020. 9. 27

김종인 무심코 던진 말이 유력주자들에게 상처 준다

지금 우리 정치의 한 축은 김종인 국민의힘 비대위원장이 맡고 있다고 해도 과언이 아니다. 그는 산전수전 다 겪은 정치인이다. 박근혜 대통령 만드는 데도 기여했고, 문재인 대통령 만드는 데도 기여했다. 그의 정치생명이 긴 이유라고 할까. 시효가 다 된 것 같은 데도 이당 저당에서 그에게 손을 벌린다. 그로서는 마다할 이유가 없다. 일정 부분 영향력을 행사할 수 있는 까닭이다.

김종인은 머뭇거림이 없다. 어떤 질문이든지 술술 대답한다. 노련미로도 볼 수 있다. 뜸을 들이지 않는다. 에둘러 말하지 않고, 직설화법을 구사한다. 유력 대권주자에 대해 물어보면 "그 사람 안

돼"라고 단정적으로 말한다. 안철수 국민의당 대표와 홍정욱 전 의원에 대해서도 그랬다. 말조차 꺼낼 이유가 없다고 말하기도 했다. 김종인의 눈에서 멀어져 있다는 뜻이기도 하다.

김종인은 3일 안철수와 연대설을 거듭 일축했다. 그는 "(안 대표) 개인으로 볼 거 같으면 앞으로 어떤 생각을 가지고서 정치활동을 하는지 전혀 알지도 못하고 알 필요도 없다고 생각한다"면서 "그런데 언론에서 자꾸 국민의힘과 (안 대표의) 관계를 자꾸 말씀 하시는데 저는 그거에 대해서 구체적으로 답변할 이유가 없다고 생각한다"고 밝혔다. 그러면서 "왜 안철수씨에 대한 질문을 그렇게 많이 하는지 이해가 가지 않는다"고 말해 불편한 심기를 감추지 않았다.

안철수는 김종인에게 그대로 앉아 당한 셈이다. 별볼일 없는 사람으로 낙인씩혔다고 할까. 김종인이 국민의힘 대표 격인 비대위원장을 맡고 있어서다. 나도 안철수를 좋아하지는 않는다. 다음 대선에 나가도 가능성은 거의 제로라고 본다. 하지만 그를 지지하는 사람들도 있다. 대권주자로서 위상이 아주 없지는 않다는 뜻이다. 안철수 역시 대선에 대한 미련은 버리지 않은 상태다.

김종인이 홍정욱에 대해서는 더 심한 말도 있다. "그 사람 얼굴 잘 난 것 말고 뭐가 있느냐"는 투로 얘기했다. 내용, 즉 콘텐츠가 없다는 얘기이기도 하다. 홍정욱도 김종인한테 보기좋게 한 방 맞았다고 할까. 막 정치재개를 하려고 하는데 뜻밖의 봉변을 당한 것이나 마찬가지다. 이 역시 김종인이 갖고 있는 정치적 위상 때문이다.

김종인은 얼마 전까지만 해도 당내에는 대권주자가 없다고 밝힌 바 있다. 그 대안으로 40대, 경제를 잘 아는 사람이었으면 좋겠다고 말했었다. 그래서 70년생인 홍정욱이 주목되기도 했다. 하지만 홍정욱은 아니라고 못 박았다고도 볼 수 있다. 홍정욱의 정치 재개가 순탄치 않을 것임을 예고하는 대목이다. 정치란 그렇다. 꽃길은 없다. 자기가 싸워 쟁취해야 한다.

김종인이 이처럼 유독 두 사람을 박대하는 데는 그럴만한 이유가 있을 게다. 국민의힘 내부를 다독이려는 의도도 깔린 것 같다. 바깥 얘기만 하면 내부 구성원들의 의욕을 꺾을 수도 있어서다. 더 분발하라는 뜻도 담고 있을 터. 당을 장악하겠다는 속내도 있다고 여겨진다. 서울시장이든, 대권주자든 큰 뜻을 품으려면 자기에게 잘 보이라는 메시지이기도 하다. 서울시장 선거까지 있어 김종인이 쓸 수 있는 카드는 더 많아졌다.

2020. 9. 4

F학점의 그들

대권주자
김종인(?)

　　　　　　　김종인 대망론. 현실화될지도 모르겠다. 통합
당에 강력한 후보가 없어서다. 정치는 현실. 지지율 두 자릿 수
후보가 1명도 없다. 두 자릿 수를 기록중이던 윤석열 검찰총장은
대검에서 빼달라고 해 제외된 상태다. 지금까지 김종인을 넣고
조사한 여론기관은 없다. 만약 넣고 조사하면 다른 결과가 나올
공산이 크다.

반면 민주당은 이낙연과 이재명이 20%대의 지지율로 엎치락뒤
치락하고 있다. 홍준표 안철수 오세훈 유승민 원희룡 등 야권 주
자들은 5%를 밑돈다. 김종인은 대권 생각이 없다고 말한다. 하지
만 다른 주자들이 뜨지 않거나 영 가망이 없다고 판단하면 직접

뛰어들 수도 있다.

민주당에서 최근 김종인에게 견제구를 날리는 것과 무관치 않다. 김종인의 싹을 자르겠다는 뜻이다. 여기다 코로나까지 겹쳐 어떤 일이 생길지 아무도 예측할 수 없다. 김종인도 적극적으로 후보 띄우기를 하지 않고 있다. 그러니 의심 섞인 눈초리를 받을 수밖에 없다. 내년에는 큰 변화가 예상된다.

통합당 안에서는 김종인을 대권주자로 보지 않을 터. 구원투수로 투입됐기 때문이다. 그러나 구원투수가 주전을 꿰찰 수도 있다. 민주당이 김종인 때리기를 시도한 이유랄까. 당사자인 김종인은 나쁠 게 없다. 어느 정치인이 대권주자로 거론되는데 싫어하겠는가. 김종인 역시 욕심을 낼 만하다는 뜻이다.

민주당 정청래 의원이 시나리오를 내놓았다. 그럴 듯하다. 그는 지난 23일 김종인을 향해 "자신이 대선후보가 되기 위해 당내 대선주자들의 싹을 미리 자르고 있다"면서 "지난 총선 때 김종인 선생이 선뜻 (통합당의) 선대위원장을 맡겠다고 했을 때 그의 속마음을 읽지 못 했나"라고 되물었다.

정 의원은 김 위원장이 '당내 대선주자가 없다'고 한 말에 대해 "없는 것이 아니라 없애는 것"이라고 단언했다. 김 위원장이 '40

대 경제 전문가'가 대선 주자로 적합하다고 한 것에 대해선 "휙
~ 둘러보니 당내에 40대 경제전문가가 없으니 하는 말"이라면서
"오히려 미통당 내 대선주자들의 싹을 미리 자르고 있다. 당내 정
적을 미리 자르는 것"이라고 주장했다.

그는 "(김 위원장이) 그 연세에 왜 또 미통당에 갔겠나"라며 "(그 이유는)
딱 하나, '대선 출마'라고 본다"고 했다. 이어 "김종인의 모든 정치
행보의 처음과 끝은 '김종인 대선후보 셀프공천'이라고 본다"면서
"민주당으로선 땡큐! 저는 그의 욕심을 환영한다"고 했다. 정청래
의 이 같은 주장에 수긍하는 이도 적지 않다.

정말 정치는 알 수 없다. 미국 민주당 대선 후보인 조 바이든도
78세다. 김종인은 80세. 나이가 제약일 수는 없을 것 같다.

2020. 8. 24

김종인 대표에 대한
예의는 갖추자

미래통합당 김종인 대표가 지난 21일 질병관리본부를 방문한 것도 조금 뜬금없기는 하지만 그것을 비난하는 민주당도 볼썽사납다. 우리 정치가 왜 이처럼 거칠어졌나. 막말만 난무한다. 나도 김종인이 마음에 들지 않고 여러 차례 그만둘 것을 촉구한 바 있다. 야당 대표도 질본을 방문할 수 있다고 본다. 대통령만 가란 보장은 없다.

그러나 방문 시점은 적절치 못했다. 코로나 방역으로 눈코 뜰새 없는데 외부인이 방문하면 그만큼 시간을 빼앗기기 때문이다. 그렇다 하더라도 야당 대표, 그것도 나이가 많은 사람에게 금도를 벗어난 비난을 쏟아냈다. 유감 정도 표시하는 것은 이해된다. 그런데 국민들에게 미운 털 박힌 사람들이 모두 나서다시피 했다. 오히려 김종인을 동정하는 분위기도 읽힌다. 왜 하나만 알고 둘은 모를까.

김종인은 올해 80세다. 노인이라고 할 수 있다. 예전에 정동영 전 대표가 노인 폄하 발언을 했다가 결국 국회의원에 출마하지 못한 적이 있다. 우리나라는 동방예의지국. 노인을 욕하거나 탓하면 오히려 욕을 한 사람이 욕을 더 먹는다. 그래서 특히 노인들에게는 말조심을 해야 한다. 그런데 민주당 의원들은 얼굴이 두껍다. 그런 것에 아랑곳하지 않겠다는 얘기다.

그들의 발언을 들어보자. 한마디로 기도 안 찬다. 옛날 어른들은 이랬다. 입이 뚫렸다고 함부로 얘기하면 안 된다고. 민주당 전당대회 최고위원에 출마한 이원욱 후보는 "적반하장, 김종인 대표님. 도둑이 몽둥이 들고 주인행세하고, 잘못한 분들이 권력으로 잘한 사람에게 훈계하는 격"이라며 "서울시, 정부가 집회하면 위험하다고 그리 경고했는데도, 정치권 감염도 모자라 혹여나 대한민국 방역의 심장 질본까지 감염될까 두렵다"고 했다.

그는 이어 "국민, 소상공인, 기업들에 얼마나 큰 피해를 줄지 모르는 3단계 방역이 광화문 사태 방조자인 당신 입에서 그리 쉽게 나오다니. 그냥 가만히 있고 소속 의원들 단속이나 잘하라"면서

"질본은 찾아가지 말고 방역은 통합당 내부부터 하라"고 쓴소리를 내뱉었다. 이원욱은 57세다. 아들 뻘 된다고 할 수 있다.

거칠기로 소문난 정청래가 빠질 리 없다. 정 의원은 "정 본부장이 긴장감을 갖고 눈코 뜰 새 없이 바쁜 점을 고려해 문재인 대통령의 방문과 국회 상임위 출석 요구도 자제하고 있다. 뜬금없는 방문은 전형적인 구태 정치"라며 "코로나19에 전문지식도 없고 방역체계에 대한 이해도 없는 사람이 대통령의 엄정한 법 집행 조치를 정 본부장 앞에서 마치 비난하듯이 훈장질한 것은 정말 무식하고 무례없기 짝이 없다"고 일갈 했다. 그러면서 "질본 방문 행태는 당이야 어떻게 되든 말든 '김종인의 셀프 대선 행보'"라고도 했다.

최민희 전 의원도 "바쁜 정 본부장 붙들고 보고받고 사진 찍고 훈수 두고"라며 "방역 지장 초래 책임을 물어야 한다. 문재인 대통령이 이 시점 질본을 방문하지 않는 이유를 헤아려 보라"고 했다. 참 그들답다. 못 말리는 사람들이다.

2020. 8. 23

통합당,
김종인-주호영
동반사퇴하라

미래통합당이 무기력증에 빠졌다. 나는 일찍이 이 같은 상황을 예상했다. 의원수 103명이면 적지 않은데 여당에 속수무책으로 당하고 있다. 김종인·주호영 체제에 문제가 많다고 본다. 둘다 싸울 줄 모르는 사람들이다. 그러다 보니 야당의 존재감이 없다. 176석 민주당의 일방독주다. 달리 방법도 찾지 못하는 모양이다. 그럼 다음 대선도 가능성이 없다.

나는 그래서 유력 대권주자를 키워야 한다고 주장했다. 그래야 조금이라도 힘이 실린다. 이는 김종인이 반대할 터. 한마디로 김종인이 나쁜 사람이다. 양심이 있다면 지금이라도 물러나야 한다. 차라리 홍준표 같은 사람이 당 대표를 하면 좋겠다. 홍준표는

김종인

싸울 줄 안다. 다만 홍준표가 대권주자가 되면 안 된다. 그만한 그릇은 못 되기 때문이다. 통합당도 당권과 대권을 분리해 역할을 나눠야 한다. 그렇지 않으면 영영 회생할 수 없다.

정말 통합당 의원들에게 묻고 싶다. "통합당에 미래가 있느냐"고. 지금 아무 것도 안 보인다. 남탓을 하지 말라. 모두 내 탓이다. 너나 할 것 없이 왜소해 보인다. 배지만 달면 무엇하나. 식물 의원이라고 할 만하다. 존재감 없는 야당은 있을 이유가 없다. 심각하게 고민해 보아야 한다. 여당만 탓해도 안 된다. 스스로 경쟁력을 갖도록 노력해야 한다. 그런 낌새도 없으니 답답하다.

29일 열린 의총에서 몇몇 의원들이 옳은 소리를 했다. 그런데 김종인 물러가라는 소리는 나오지 않았다. 나와 해법이 다르다. 나는 김종인 비대위원장 갖고는 희망이 없다는 생각이다. 아울러 주호영 원내대표도 물러나야 한다. 능력이 없으면 자리를 내주는 게 맞다. 내년 재보선까지 너무 많이 남았다. 새로운 사람이 나와 다시 일으켜야 한다. 특히 전투력을 갖춘 사람으로.

홍문표(4선) 의원은 "우리가 깨지고 부서지고 수모를 당하는 데도 한계가 있다. 이대로 침묵을 지킬 때가 아닌 것"이라며 "밖으로 나가면 국민들이 싫어할 것이라는 두려움 때문에 참고 기다리기도 했지만, 두려워만 하면 야당으로서 존재가치가 없는 것 아닌가"라고 주장했다. 이 말도 틀리지는 않는다. 하지만 장외투쟁을 한다고 나아지겠는가.

김종인 위원장도 이날 중진 의원들과 가진 비공개 연석회의에서 "과거 방식처럼 광화문 집회나 서울광장 집회 이런 것은 하지 말자, 대중 속으로 들어가 소통하는 게 중요하다"면서 "어떻게든 국민에 여당의 폭정·폭거를 알릴 방법을 강구해보자"는 뜻을 밝힌 것으로 전해졌다. 김종인도 자기 탓은 하지 않는다. 근본적 원인은 간과하고 있다고 할까.

야당 대표로 김종인을 옹립한 것 자체가 최대 실수다. 여기에는 중진들의 책임도 없지 않다. 한물 간 사람을 적극적으로 민 게 그들이다. 그들의 정치적 이해관계와 맞물려 있다고 해도 과언이 아니다. 다시 말해 모두 당을 망치고 있다고 할 수 있다. 통합덩은 판을 다시 싸야 한다. 차일피일 미뤄서도 안 된다. 늦었다고 할 때 시작해도 된다. 조기 전당대회를 하라. 강력한 지도부를 구성한 뒤 여당과 싸우더라도 싸워야 한다.

2020. 7. 30

김종인,
백종원 대통령(?)
그냥 던지지 않았다

　　　　　백종원 소동이라고 할까. 갑자기 대통령감으로 백종원이 거론됐다. 김종인다운 발상이다. 김종인이 지나가는 말로 백종원을 거론한 것. 하지만 파장이 컸다. 백종원까지 해명하고 나섰으니. 여기에는 김종인의 노림수가 있을 터. 백전노장이 아무 생각 없이 백종원을 꺼냈을 리는 없다. 무언가, 누군가를 생각하고 이 같은 말을 했으리라고 본다.

23일 통합당 등 정치권에 따르면 김종인 비대위원장은 최근 비례대표 의원들과 가진 오찬에서 처음으로 백종원을 거론했다. 참석자들이 차기 대권을 화제로 대화를 이어가던 중 김종인이 "백종원 같은 대중친화적 사람이 나와야 한다"고 말했다는 것. 사실

의외다. 백종원은 정치인도 아니고, 이름이 조금 많이 알려진 사람에 불과하다. 하지만 친근감은 있다.

김종인이 대통령은 백종원 같은 사람이 어떠냐고 했단다. 콕 집어서 백종원을 얘기했다. 한 신문이 이를 보도했다. 급기야 백종원이 해명까지 했다. 김종인이 백종원을 마음에 두고 있으리라고 보지는 않는다. 백종원처럼 많이 알려지고 거부감 없는 사람이면 좋겠다는 뜻을 나타낸 것으로 보인다. 그럼에도 백종원이 스포트라이트를 받았다. 트럼프도 대통령을 하고 있다. 백종원이라고 못할 바는 없다. 그러나 대통령은 정치도 잘 알아야 한다. 백종원은 정치에 관심조차 없을 것 같다. 결국 해프닝으로 끝났다. (23일 오풍연닷컴에 올린 글)

백종원은 평소에도 유명인이지만 어제 하루 내내 검색어 상단에 올랐다. 그만큼 관심을 불러왔다는 얘기이기도 하다. 대통령이 이렇게 만들어질 수도 있다. 툭 던진 한마디가 여물면 된다. 김종인은 그런 데 아주 능한 사람이다. 당 관계자는 "유권자들의 삶을 현장에서 공감하고, 편안한 어법으로 소통하는 능력을 강조하는 의미에서 예시를 든 것 뿐"이라며 "주자로 염두에 둔 발언은 아니다"고 선을 그었다.

과연 그럴까. '백종원 대통령' 발언이 무심코 나온 것이라는 해명이지만 당 안팎에서는 기존 통합당 주자들을 겨냥한 '메기효과'를 노린 것이라는 분석이 나온다. 이제 당내 자칭타칭 대선주자들은 백종원을 떠올리며 '대차대조표'를 짤 수밖에 없지 않겠냐는 뜻이다. 외연 확장과 경쟁력 강화를 위한 적절한 자극이 될 것임은 분명하다.

백종원의 고향이 충남 예산이란 점을 들어 '충청대망론'까지 제기되고 있을 정도다. 윤석열 검찰총장부터 백종원까지 최근 보수 진영에서 관심을 끈 이들이 모두 '충청 베이스'이기는 하다. 윤석열 부친의 고향이 충남 공주다. 당 안팎에선 실제 의도했는지 여부를 떠나 김종인의 '판 흔들기'가 이번에도 주효했다는 반응이 나오고 있다.

그럼 김종인이 생각하는 사람은 누구일까. 김무성이 링 밖에서 킹 메이커 역할을 한다고 하지만 한계가 있을 수밖에 없다. 아무래도 킹 메이커 역은 김종인이 유리하지 않을까 싶다. 김종인이 자기를 흔들지 말라는 경고로도 들린다. 노병은 죽지 않았다고.

2020. 6. 24

김종인
"지금 통합당에
대선 주자 없다"

"(언성을 높이며) 지금 여기(통합당)에 대선주자가 어디 있나. (스스로) 대선주자라고 하는 거지, 국민들이 대선주자라고 보겠나." 미래통합당 김종인 비대위원장이 27일 동아일보와 가진 인터뷰에서 강조한 말이다. 그것은 성확한 진단이다. 당 밖에 있는 홍준표도, 당 안에 있는 유승민이나 원희룡도 대선주자가 못 된다는 뜻이다. 나 역시 그렇게 생각한다.

그럼 김종인은 누구를 그리고 있을까. 아마 김종인이 마음 속에 두고 있는 사람은 있을 게다. 대선주자라는 게 하루 아침에 만들어질 수는 없는 까닭이다. 어느 정도 지명도도 있어야 하고, 무엇보다 정치를 좀 알아야 한다. 그런 사람 중 한 명을 밀 것으로 보인다. 김종인이 그 카드를 미리 꺼낼 것 같지는 않다. 어느 시점이 되면 드러낼 가능성은 크다.

앞서 언급한 바 있었던 40대 기수론에 대해서는 "젊은이들이 미래를 이끌어가야 하니까 젊은이들에게 맡겨야 한다. 그렇다고 '40대다, 50대다' 연령대에 고정시켜 생각할 것은 아니다. 40대에서 못 찾으면 대선 포기할 건가. 갑자기 튀어나온 사람이 아닌 철두철미하게 준비된 정치인이 나와야 한다."고 말했다. 김종인의 이 같은 발언을 두고 다양한 해석이 나올 듯 하다.

야당 대권주자들은 각자도생해야 할 처지다. 유승민도 치고 나왔다. 20대 국회를 끝으로 16년 의정활동을 마무리하는 유 의원은 지난 26일 팬카페에 남긴 영상 메시지에서 오는 2022년 대선이 마지막 남은 정치 도전이 될 것이라고 선언했다. 그러나 유승민도 한계가 있다. 이미지는 비교적 좋은 편이지만 지명도가 너무 낮다. 일반 국민들이 그를 잘 모른다는 얘기다.

50대인 원희룡 제주지사는 최근 한 언론 인터뷰에서 "너무나 절박하고 무한 책임감을 느낀다"면서 "(차기 대선에서) 모든 걸 걸어야 한다고 생각한다"고 말해 대권 도전을 시사했다. 유승민과 원희룡은 박근혜 전 대통령 탄핵 과정에서 새누리당 탈당 및 바른정당 창당 등 정치 행보를 함께하며 중도·개혁보수의 아이콘으로 자리매김했다는 공통점이 있다.

4·15 총선에서 무소속으로 당선된 홍준표 전 자유한국당 대표도 일찌감치 대권 재도전 의사를 밝혔다. 21대 국회 개원 직후 '전국 순회 정치 버스킹'에 나서는 것도 이와 무관치 않다. 유권자인 국민들을 대상으로 직접 정치를 하겠다는 의도와 다름 없다. 그가 선택할 수 있는 최상의 방법이 아닌가도 생각한다. 김종인과의 관계가 껄끄러워 당장 복당도 쉽지 않은 상황이다. 김종인이 비대위원장으로 있는 한 복당이 어려울 지도 모른다.

김 비대위원장은 유승민과 홍준표, 안철수 등 2017년 대선 주자들에 대해 "시효가 다했다"며 선을 그은 바 있다. 동시에 보수진영 대선 후보의 키워드로 '40대'와 '경제전문가'를 제시했다. 다음 대선 역시 화두는 경제가 될 게 틀림 없다. 그런데 경제를 아는 사람이 많지 않다. 여기에 부합한 인물이라면 홍정욱 전 의원 정도를 생각할 수 있겠다. 따라서 홍정욱도 대상 인물은 될 것 같다. 김종인의 선택이 더 궁금하다.

2020. 5. 28

통합당,
결국 김종인이었다

통합당이 끝내 선택한 것은 김종인이었다. 김종인 비대위가 들어서는 것. 주호영 원내대표가 당선되면서 예상됐던 일이긴 하다. 일부 의원이나 당선자가 반발했지만 찻잔 속의 태풍으로 그쳤다. 김종인의 요구사항을 다 들어준 만큼 통합당이 백기를 든 셈이다. 김종인은 역대 최고령 비대위원장 기록도 깰 것 같다. 부도옹不倒翁이라고 할까.

김종인은 1940년생이다. 우리나이로 81살, 만 80세다. 나이가 많다고 못할 바는 아니지만 자연 나이도 생각하지 않을 수 없다. 그의 이력을 보면 교수, 국회의원, 청와대 수석, 장관, 비대위원장 등 다양하다. 경험은 무척 많다고 할 수 있다. 그러나 지금 통합당이 요구하는 인물상과 맞는지는 모르겠다. 나는 잘못된 선택이라고 본다. 김종인이 거론될 때부터 그런 주장을 펴왔다.

내가 김종인은 반대했던 이유는 이렇다. 김종인 역시 총선 참패에서 자유로울 수 없다. 비록 공천에는 관여하지 않았다 하더라도 총괄선대위원장으로서 참여했다. 일정 부분 책임이 없다고 할 수 없다. 그런데도 또 김종인을 모셔왔으니 할 말이 없다. 김종인에게서 나올 것이 있을까. 김종인 역시 말은 번지르르하게 한다. 복안도 있다고 한다. 말로는 누구나 할 수 있다.

통합당은 100% 바꾸어야 한다. 김종인은 그렇게 하려고 노력할 것이다. 당의 체질부터 바꿔 놓을 필요가 있다. 김종인이 처음 얘기했던 40대 기수론도 나쁘진 않다. 만약 그런 각오라면 한 번 해볼 만 하다. 홍준표 등 무소속 당선자 4명의 복당도 그에겐 숙제다. 득히 홍준표와 관계가 설끄러워 어떻게 풀어나가느냐는 것도 관심사다.

김종인은 22일 비대위원장직을 수락한 뒤 자신의 사무실에서 기자들에게 "최선을 다해 당을 정상 궤도로 올리는 데 남은 기간 열심히 노력해 보려고 한다"고 밝혔다. 통합당이 당선인 워크숍에서 내년 4월 7일 재·보궐선거까지 비대위를 운영하기로 한 데 대해선 "이러고 저러고 딴 얘기할 것 없이 일단은 수용을 한다"고 말했다.

주호영 원내대표는 김종인에게 '압도적 찬성'으로 비대위 출범에 힘이 실렸다고 설명했으며, 김종인은 "당을 살리고 나라를 살리는 데 온 힘을 쏟겠다"고 답한 것으로 전해졌다. 앞서 주호영 원내대표는 이종배 정책위의장, 김성원 원내수석부대표와 함께 이날 오후 5시쯤 서울 종로구에 위치한 김종인의 개인 사무실을 방문, 비대위원장직 수락을 정식 요청했다.

김종인은 차기 대권후보군을 묻는 질문에는 "아직 얘기할 단계가 아니다"라며 "40대 기수론이 있는지 없는지 모른다. 지금 그런 사람들이 나올지 안 나올지 모르는데 40대 기수론을 무조건 강요할 수는 없는 것 아니냐"고 되물었다. 사실 처음 김종인 비대위를 주장했던 홍준표와 틀어진 것도 40대 기수론 때문이다. 김종인이 일단 숨고르기에 들어갔음을 알 수 있는 대목이다.

비대위 구성과 무소속 탈당 당선인 복당 여부에 대해서는 "나중에 두고 보자"며 즉답을 피했다. 김종인에게도 넘어야 할 산은 많다.

2020. 5. 23

김종인 비대위 꺼내는
통합당은 더 이상
가망이 없다

김종인을 다시 끌어들이는 미래통합당. 국민들한테 두 번 버림 받으려고 작정한 듯하다. 이번 총선 당선자 등 142명을 전수조사한 결과라고 한다. 정말 그들만의 리그를 보는 것 같다. 김종인을 데려다 무엇을 하겠다는 말인가. 나는 용도폐기 됐다고 몇 차례 강조한 바 있다.

비대위 체제로 가겠다는 얘기. 게다가 김종인은 전권을 요구한단다. 다음 대선도 포기할 모양이다. 지금 야당에겐 강력한 리더십이 필요하다. 조기 전당대회 개최가 맞다. 김종인은 전혀 아니다. 홍준표 등이 김종인을 얘기하니까 동조하는 것 같기도 하다. 힘 없는 야당임을 스스로 노출시킨다.

나는 사흘 전 '통합당, 김종인에 무슨 미련이 남아 있나'라는 오풍연 칼럼을 쓴 데 이어 어제도 이 같은 글을 페이스북에 남겼다. 의원들 전수조사를 한 결과라니 더 기가 찬다. 누가 의원들에게 전화를 했는지 모르겠다. 심재철 당대표 권한대행 겸 원내대표가 했을 것 같다. 그것조차 잘못 됐다. 심재철은 이번 총선에 떨어진 사람이다. 낙선한 사람이 무슨 일을 꾸민다는 말인가.

입맛에 맞는 내용으로 물었을 가능성이 크다. 그럼 답은 김종인 비대위로 나오게 되어 있다. 그것을 갖고 의원들 의사를 모두 물었다고 하면 할 말이 없다. 그렇게 해서도 안 된다. 당선자 대회를 열어 난상토론을 벌이더라도 거기서 결정하는 것이 맞다. 4년 전 총선에서 1석 차이로 민주당에 진 뒤 열린 경선서 원내대표에 뽑혔던 정진석 의원이 맞는 말을 했다.

앞서 정 의원은 22일 페이스북을 통해 "심재철 당대표 권한대행 겸 원내대표의 임무는 새 원내대표를 선출하는 행정적 절차를 주관하는 것에 그쳐야 한다"면서 "지금 시급한 것은 조속한 당선자 대회의 개최"라고 주장했다. 이어 "심 원내대표가 현역 의원, 당선자들을 설문조사해서 '외부 비대위원장 영입' '조기 전당대회 개최' 등에 대해 결론을 내린다고 한다"면서 "그에게 위임된 권한을 넘어서는 일이다. 집 비우고 떠나는 사람이 '인테리어는 꼭 고치고 떠나겠다'고 우기는 형국"이라고 꼬집었다.

F학점의 그들

이번 총선에서도 당선돼 5선 고지에 오른 정진석은 의정 경험도 많다. 그는 "총선 참패를 극복하기 위한 당내 논의가 산으로 오르고 있다"면서 "질서 있는 퇴각, 전열의 재정비로 가지 못하고 뒤죽박죽이다. 지금 이 시점에서 가장 시급한 것은 당선자 대회의 개최, 새 원내대표(당 대표 권한대행)의 선출"이라고 강조했다. 누가 보더라도 정진석의 제안이 합리적이다. 심재철이 욕심을 부리는 것 같기도 하다.

김영우 의원도 "전권 비대위원장이라니 참으로 비민주적 발상"이라며 "총선 참패 원인과 보수당 현실 등을 토론도 제대로 해보지 않고 남에게 계속 맡기기만 하는 당에 미래가 있을까"라고 말해 김종인 비대위를 반대했다. 김종인 비대위가 쓸 수 있는 '카드'도 많지 않다. 과거 성공한 비대위로 평가받은 '2012년 박근혜 비대위' '2016년 더불어민주당 김종인 비대위' 모두 공천권을 쥐고 있었다. 지금은 선거가 끝난 마당이다. 약발 없는 비대위론 안 된다.

2020. 4. 23

통합당,
김종인에
무슨 미련이 남아 있나

#1: 김종인 비대위도 안 된다. 선거 패배에서 자유로울 수 없기 때문이다. 나는 처음부터 김종인 선대위원장 영입을 반대했다. 그가 정치면 알면 얼마나 아는가. 어찌어찌하다가 운이 좋아 두 번에 걸쳐 선대위원장을 하면서 승리했을 뿐이다. 김종인도 더는 나서지 말아야 한다. 왜 분수를 모르는가.

통합당은 해산에 준하는 수준으로 환골탈태하지 않으면 희망이 없다. 내부에 사람이 없다면 대선후보감도 외부서 영입해 키워야 한다. 정말 40~50대서 찾아 봐라. 그렇지 않으면 다음 대선도 기대하기 어렵다. 홍준표도 욕심을 내면 안 된다. 오히려 킹메이커 역할을 했으면 좋겠다. 홍준표는 안티가 너무 많다. 모두 분수를

알자. (4월 19일)

#2: 통합당 안에서 김종인 재등판론이 나온다. 그만한 사람도 없
다고 한다. 아직도 정신 못 차린 한가한 소리다. 김종인은 진작 용
도폐기된 사람이다. 나는 일찍부터 그런 주장을 펴왔다. 일반 국
민들은 그를 잘 모르고 관심도 없다. 정치권만 김종인 매직을 얘
기한다. 김종인도 문제다. 더 이상 공인으론 대중 앞에 나서지 말
아야 한다. 이번에 총괄선대위원장을 맡은 것도 욕심이다. 또 욕
심을 낼까. 어떠한 제안도 받아들이지 말란 뜻이다. (4월 17일)

나는 황교안도 못 마땅했지만 김종인이 더 나쁘다고 생각했다.
그에게 찾아가 손을 벌리는 통합당이나 그것을 받아들이는 김종
인이 다르지 않았다. 김종인이 정치 고수라면 사양했어야 옳았
다. 그가 공천에는 관여 안 했으니 책임이 없다는 한가한 소리도
나온다. 김종인에게 면죄부를 주고 또 다시 데려다 쓸 요량인 사
람들이 있다. 홍준표부터 그런 생각을 갖고 있다.

홍준표의 속셈이 읽힌다. 자기는 대권주자로 나서고, 김종인에게
일시적이나마 당권을 주자는 얘기다. 역할 분담을 하자는 얘기
다. 이런 제안이면 김종인도 받아들이지 않을까 생각한 듯 하다.
그런 거래라면 더더욱 안 된다. 특히 야당의 대선후보는 국민적
동의가 있어야 한다. 이미 홍준표는 한 차례 실패한 바 있다. 그

동안 달라진 것도 없다. 입도 여전히 거칠다. 그렇다면 또 다시 대
선에 나간다한들 승산이 없다. 왜 그것을 모르는가.

이번 총선서 3선 고지에 오른 김태흠 의원이 맞는 말을 했다. 그
는 19일 "총선 결과에 책임이 있고 총선에 실패한 심재철 대행이
당의 중요한 미래가 걸린 사안을 당내 논의 없이 결정하고 외부
인사에게 당을 맡아 달라고 하는 것은 원칙과 상식에도 벗어나
고 무책임한 월권행위"라고 꼬집었다. 이어 "당의 진로는 최소한
당선자들의 의견을 들어 결정해야 한다"면서 "조속히 전당대회
를 열어 새로운 지도부를 구성하던 비대위 체제로 가던 당의 미
래는 당내 논의를 통해 결정해야 한다"고 주장했다.

김 의원은 "툭하면 외부인에게 당의 운명을 맡기는 정당에 무슨
미래가 있겠나. 당의 미래를 외부인에게 맡기는 것은 계파갈등
등으로 불가피한 상황이 아니면 지양해야 한다"면서 "또 외부인
의 손에 맡겨서 성공한 전례도 없다"고 덧붙였다. 김종인 비대위
를 반대한 셈이다. 정신들 차려라.

2020. 4. 20

커리어 등으로 볼 때는 부족하지 않다. 그러나 전국적 지명도가 낮다. 제주지사라는 한계 때문인지도 모른다. 더 치고 나와야 하는데 아직 탄력을 받지 못하고 있다. 이미지는 나쁘지 않다. "너무 영young하다"는 지적을 받고 있다. 그렇지 않은 데도 말이다. 그것을 극복해야 한다. 지사직을 던지고 대선에 올인할 필요가 있다. 강단 있는 지도자가 되려면.

원희룡
가장 먼저
대선 출사표 띄우다

　　원희룡 제주지사가 여야 대선주자 가운데 가장 먼저 출사표를 띄웠다. 나는 앞서 칼럼을 통해 자리를 던지고 대권에 올인할 것을 촉구한 바 있다. 제주라는 지역적 한계를 무시할 수 없어서다. 물론 비행기를 이용하면 1시간 거리지만 제약이 많을 수밖에 없다. 도정을 자주 비우는 것도 옳지 않다. 기왕할 바에는 올인하는 것이 좋다.

원희룡은 11일 'MBN 정운갑의 집중분석(시사스페셜)'에 출연해 '대선에 출마할 것인가'라는 질문에 "네, 준비하겠습니다"라고 답했다. 그는 "(당내) 경선을 이겨야 출마하는 것"이라며 "경선에서 이길 수 있는 준비, 1단계 자체 정비를 하고 있다. 조만간 국민들 앞에 당당하게 밝히겠다"고 했다. 시점을 묻자 "가급적 10~11월에 더 구체화해 국민들에게 (비전을) 제시하겠다"고 답했다.

나도 국민의힘 현역 가운데 유력 주자로 그를 꼽은 적이 있다. 당내에는 없다시피 하다. 김종인 비대위원장도 여러 차례 그 점을 지적하기도 했다. 김종인은 최근들어 원희룡, 오세훈, 유승민 등을 언급했다. 눈을 씻고 찾아보아도 마땅한 사람이 없어 그런지도 모르겠다. 대선주자는 하루 아침에 하늘에서 떨어지지 않는다.

원희룡은 야권 내 경쟁자로는 윤석열 검찰총장과 안철수 국민의당 대표를 꼽았다. 나는 안철수보다는 홍정욱을 꼽기도 했다. 원희룡 홍정욱 윤석열이 경쟁하면 볼 만 할 것 같다고. 그는 "현재 여론조사에서 (후보로) 나오는 윤석열, 안철수가 경쟁자라는 건 당연히 인정하고 들어가야 한다"면서도 "본선 경쟁력이라는 측면에서 원희룡만의 존재감과 경쟁력, 확장성을 입증하는 데 시간이 충분하다고 생각한다"고 말했다.

원희룡은 인기 빼고 갖출 것은 다 갖추었다. 스펙도 충분하다. 전국적 지명도만 낮을 뿐이다. 이것을 깨야 대권주자로 거듭 뜰 수 있다. 무엇보다 본인의 노력이 필요하다. 인기는 남이 가져다 주지 않는다. 내가 나의 노력으로 얻어야 한다. 원희룡도 이재명 경기지사를 벤치마킹해야 한다. 이재명이 거칠어도 이슈 선점은 잘 한다. 그래야 눈길을 끌기 때문이다.

국민의힘에서도 이들 대권주자들을 적극적으로 밀어주어야 한다. 찬물 끼얹는 소리를 하면 안 된다. 특히 김종인이 말 조심을 해야 한다. 야당은 김종인 때문에 표를 깎아먹고 있다는 사실도 알아야 한다. 그렇다고 김종인이 물러나지도 않을 터. 그렇다면 판이라도 깨지 말아야 한다. 툭툭 던지는 그의 한마디에 야당 대권주자들이 상처를 입기도 한다.

원희룡이 먼저 치고 나온 만큼 야당 내 다른 주자들도 본격적으로 몸풀기에 나설 것 같다. 지금 가장 답답한 사람은 홍준표. 그는 복당이 안돼 상대적으로 불리하다고 할 수 있다. 원외는 뛰어 봤자 벼룩이다. 원희룡도 원희룡 신드롬을 만들면 된다. 못할 이유는 없다. 대선은 어차피 세勢 싸움. 조직도 탄탄해야 겨뤄볼 만하다. 참모진을 잘 짜야하는 이유다. 원희룡의 뒷심이 주목된다고 하겠다. 권력은 쟁취해야 되는 것이기에

2020. 10. 11

원희룡 제주지사의
결기에
박수를 보낸다

어제 열린 광복절 기념식에서는 씁쓸한 장면이 연출됐다. 문재인 대통령보다 김원웅 광복회장이 먼저 기념사를 낭독했다. 그것이 문제가 됐다. 이승만 전 대통령과 작곡가 안익태를 노골적으로 비판했다. 이 정부의 입장인 지도 모르겠다. 나도 김 회장의 주장에 동의할 수 없다. 친일 여부를 떠나 과거를 모두 부정하는 것은 옳지 않기 때문이다.

김 회장은 15일 기념사에서 "대한민국은 민족반역자를 제대로 청산하지 못한 유일한 나라가 되었고, 청산하지 못한 역사가 지금도 계속되고 있다"면서 "이승만은 반민특위를 폭력적으로 해체시키고 친일파와 결탁했다"고 했다. 이어 "애국가를 작곡한 안

F학점의 그들

익태가 친일·친나치 활동을 했다는 관련 자료를 독일 정부로부터 받았다"면서 "민족반역자가 작곡한 노래를 국가로 정한 나라는 전 세계에서 대한민국 한 나라 뿐"이라고 언급했다.

김원웅의 주장대로라면 이제부터 애국가도 부르지 말아야 한다. 그동안 행사 때마다 불러온 애국가는 뭐란 말인가. 그런 논리라면 애국가를 부른 사람도 탓해야 맞다. 김원웅 자신도 불러왔을 게고, 문 대통령도 수없이 불렀을 것이다. 친일과 반일의 프레임으로 몰아가는 것은 맞지 않다. 지금이 어느 때인가 묻지 않을 수 없다.

제주 기념식장에서는 원희룡 지사가 정면 반박하는 일도 있었다. 원 지사의 행동에 박수를 보낸다. 정치인은 이런 결기도 있어야 한다. 그것을 재구성해 본다. 김률근 광복회 제주도지부장이 대독한 김원웅 회장의 기념사가 파행의 발단이었다. 김 지부장은 "이승만이 친일파와 결탁했다" "안익태는 민족반역자" "현충원 명당에 독립군 토벌에 앞장선 자가 묻혀 있다" "대한민국은 민족반역자를 제대로 청산하지 못한 유일한 나라"등의 내용이 담긴 기념사를 그대로 읽었다.

다음 차례는 원희룡 지사. 그는 미리 준비돼 있던 경축사 대신 즉석에서 반박 연설을 했다. 원 지사는 "결코 동의할 수 없는 편향

된 역사만이 들어가 있는 이야기를 기념사라고 광복회 제주지부장에게 대독하게 만든 이 처사에 대해 매우 유감이며, 제주도지사로서 결코 동의할 수 없다는 걸 분명히 밝힌다"면서 "(이른바 친일세력이라고 하는 분들 중에는) 태어나보니 일본 식민지였고 거기에서 식민지의 신민으로 살아가면서 선택할 수 없는 인생 경로를 살았던 많은 사람들이 있다. 비록 모두가 독립운동에 나서지 못했지만 식민지 백성으로 살아갔던 게 죄는 아니다"고 했다.

원 지사는 "해방 정국을 거쳐서 김일성이 우리 대한민국을 공산화시키려고 왔을 때 목숨 걸고 나라를 지켰던 군인들과 국민들이 있다"면서 "그분들 중에는 일본군대에 복무를 했던 분들도 있다. 하지만 한국 전쟁에서 나라를 지킨 그 공을 우리가 보면서 역사 앞에서 (그 분들의) 공과 과를 겸허하게 우리가 보는 것이다"고 했다. 원 지사의 말이 백번 타당하다. 어느 한 쪽만을 보고 판단하면 안 된다. 친일 타령도 지겨울 정도다.

2020. 8. 16

F학점의 그들

홍준표·윤석열·원희룡이
대결한다

홍준표·윤석열·원희룡. 검사 선후배 지간이다. 홍 사법시험 24회, 윤 33회, 원 34회다. 셋 다 커리어가 화려하다. 따로 설명할 필요가 없는 사람들이다. 이들이 2021년 야당 대선 후보를 놓고 맞붙을 가능성이 거의 100%다. 셋 중 누가 유리할까. 상대적으로 젊은 윤 검찰총장과 원 제주지사가 유리하다고 본다.

홍준표는 시쳇말로 한물 갔다. 아무리 용을 쓴들 당선과는 거리가 멀 듯 싶다. 윤석열도, 원희룡도 좋은 카드다. 여기에 홍정욱까지 가세하면 금상첨화. 야당도 치열한 경쟁을 통해 후보를 뽑아야 한다. 그럼 여당 누구와도 해볼만 하다. 지레 겁 먹을 필요는 없다.

홍준표는 요즘 자기를 알릴 수단이 별로 없다. 무소속이어서 그렇다. 그러다 보니 페이스북을 통해 이런 저런 주장을 펴고 있다. 요즘은 진중권에게 자주 얻어터진다. 최근에는 "선데이서울을 많이 본 것 같다"는 얘기까지 들었다. 사실 치욕적인 비판이다. 그러자 홍준표는 진중권을 향해 "×개"라고 되받았다. 둘의 공방은 앞으로도 이어질 것 같다. 진중권 무서워 가만히 있을 홍준표도 아니다.

윤석열은 아무 것도 하지 않는데 주목도가 점점 높아진다. 이는 야당이 반성해야 할 대목이다. 야당 안에 대권주자가 없어 당 밖의 윤석열에게 기대 심리가 발동한다고 하겠다. 윤석열은 지금까지 정치의 정政자도 꺼내지 않았다. 그럼에도 지지도는 계속 올라간다.

서울신문이 리서치앤리서치에 의뢰해 지난 14~15일 전국 만 18세 이상 성인 남녀 1000명을 대상으로 실시한 여론조사 결과를 16일 발표했다. 차기 대통령감으로 적합한 인물은 1위 이낙연 의원(29.6%), 2위 이재명 지사(15.3%), 3위 윤석열 총장(13.5%) 순으로 집계됐다. 이재명과 윤석열의 차이는 1.8%포인트에 불과하다. 이재명이 같은 날 무죄를 선고받아 앞으로 지지율에 영향은 줄 듯 하다. 어떻게 변할지는 좀더 두고 보아야 안다.

원희룡도 다크호스다. 이미 검증은 됐다. 근래 자기 목소리를 부쩍 많이 내고 있다. 이슈 메이킹에도 능하다. 토론도 굉장히 잘 한다. 대선 경쟁이 본격화되면 두각을 드러낼 공산이 크다. 지역에 있어 그 한계를 극복해야 한다. 따라서 어느 시점에 제주지사직을 던질 것으로 본다.

검사 출신끼리만 경쟁하는 것은 의미가 퇴색된다. 여기에 몇 명은 더 가세할 공산이 크다. 안철수 유승민 오세훈 홍정욱 등이 물망에 오른다. 김동연 전 경제부총리 얘기도 나오지만, 당 안팎서 논의 단계가 아닌가 싶다. 통합당은 현재 윤석열이 절대 강세를 보이고 있다. 그러나 대선 국면으로 접어들면 상황이 달라질 것이다.

이 중 50대는 넷. 오세훈 안철수 원희룡 홍정욱 등은 젊음을 무기로 다른 대권주자들을 압박할 것 같다. 황교안의 실패에서 보듯 정치는 정치를 해본 사람이 훨씬 낫다. 윤석열과 김 전 경제부총리가 넘어야 할 과제이기도 하다. 통합당도 힘 내라. 기회가 없지 않다.

2020. 7. 17

원희룡이
대권 꿈을 이루려면

        미래통합당 김종인 비상대책위원장이 22일 또 대권 주자에 대해 말을 했다. "모두 '이 사람이 나왔구나'라고 할 만한 사람이 차기 대권주자로 나오게 될 것"이라고 내다봤다. 대권 주자가 하늘에서 떨어지지는 않는다는 말로 들린다. 그는 이날 출입기자단 오찬 간담회에서 차기 대권주자로 '뉴 페이스(새 인물)'를 염두에 두고 있냐는 질문에 "우리가 전혀 모르는 사람 중에서 나올 수는 없다"고 답했다.

김종인은 2001년 자신에게 처음 대권 도전 의사를 밝히면서 지원을 요청했다던 노무현 전 대통령을 예로 들었다. 당시 해양수산부 장관이던 노 전 대통령이 자신을 두 차례 찾아와 도와달라고 했고, 자신의 예상대로 이인제 정동영 등 당시 후보들을 누르고 전국 순회 경선에서 지지율을 끌어올리며 승리했다고 들려주었다.

앞서 김종인은 홍준표 유승민 안철수 등은 가능성이 없다고 밝힌 바 있다. 홍준표가 발끈했던 이유이기도 하다. 나도 이 대목에 있어서는 김종인과 생각을 같이 한다. 이들 셋은 아니라고 본다. 그럼 누구일까. 특히 대통령은 치열한 권력 투쟁을 통해 그 자리에 오른다. 쉽게 오른 사람은 문재인 대통령 한 사람 뿐이다. 문 대통령은 해보나마나한 선거를 통해 대통령이 됐다고 할 수 있다.

통합당에서 가장 먼저 대통령을 두드린 사람은 원희룡 제주지사다. 원 지사는 2000년 16대 의원으로 정치권에 들어온 뒤 남경필 전 경기지사, 정병국 전 의원 등과 함께 트로이카를 구성하면서 주목을 받았었다. 셋 중 둘은 정계를 떠나거나 21대 총선 불출마로 정치활동이 뜸한 상황이다. 원희룡 하나만 남았다고 할 수 있다.

원희룡은 기본적으로 눈에 띨만한 이력을 갖고 있다. 82학년도 대입학력고사에서 전국 수석을 차지했다. 아마 제주 출신이 전국 수석을 차지하기는 그가 처음이었을 것이다. 당연히 서울법대에 들어갔다. 그러나 사법시험은 늦게 됐다. 처음부터 시험을 준비하지 않았기 때문으로 본다. 1992년 사법시험 34회에 또 수석으로 합격했다. 대한민국서 공부는 가장 잘 한다고 할 수 있다. 누구에게나 호감이 갈 수 있는 대목이다.

그가 서울 양천에서 내리 3연속 당선을 했던 것과 무관치 않으리라고 본다. 양천은 서울에서도 학구열이 가장 높은 지역으로 꼽힌다. 물론 대통령은 공부 잘 한다고 뽑히지는 않는다. 하지만 말을 하지 않아도 유권자들이 알아준다. 원희룡도 대권에 뛰어들기 위해 언제 제주지사 직을 내려 놓을지 고민할 게다. 정치는 무엇보다 타이밍이 중요해서다.

나는 그가 9월쯤 사퇴하는 게 좋다고 본다. 제주라는 지역적 한계 때문에 제약이 많다. 자리를 던지고 대권에 올인할 필요가 있다. 9월이라고 해야 대선 1년 6개월 전이다. 미리 선수를 치는 것도 나쁘지 않은 까닭이다. 그리고 이벤트를 많이 만들어야 한다. 특히 이낙연 못지 않다는 점을 부각시켜야 한다. 상대적으로 젊다는 점이 최대 장점이 될 수도 있다.

2020. 6. 23

F학점의 그들

그에게 필요한 것은 권력의지다. 귀공자 이미지가 강하다. 그것도 반드시 깨야 한다. 한국 정치는 아직도 흙수저를 선호한다. 잠재력은 충분하다. 바깥에서 활동은 한계가 있다. 당내로 들어와 경쟁을 해야 한다. 그러려면 의제를 만들어 던져야 한다. 세대교체도 좋은 화두가 될 것 같다. 그의 평소 이미지를 깰 수 있는 한 방도 필요하다.

홍정욱,
대권에
바로 도전하라

홍정욱이 움직일 모양이다. 많은 언론들이 그에 대한 관심을 보이고 있다. 어제 인스타그램에 사진과 함께 짧은 글을 올렸다. "그간 즐거웠습니다. 항상 깨어있고, 죽는 순간까지 사랑하며, 절대 포기하지 마시길. 여러분의 삶을 응원합니다. It's been a joy. Thank you."라는 메시지다.

지난 24일에는 페이스북 첫 화면 사진도 바꿨다고 한다. 뭔가 출사표를 띄우는 것 같은 느낌도 든다. 서울시장 출마설, 대통령 출마설 등이 돈다. 나는 서울시장보다 대통령 선거에 나설 것을 촉구한 바 있다. 주목받는 사람임은 틀림 없다. 나 역시 그에게 거는 기대가 크다.

나는 지금까지 홍정욱을 주인공으로 한 칼럼을 다섯 차례 쓴 바 있다. 그 제목을 소개한다. '한국당 당 대표 홍정욱은 어떤가'(2019년 7월 15일) '홍정욱, 이제는 등판할 때 됐다'(2019년 9월 10일) '홍정욱 대망론 무르익나'(2020년 4월 27일) '통합당 대통령감은 윤석열 홍정욱 말고 또 있을까'(2020년 5월 4일) '보수진영, 윤석열 홍정욱을 띄워 보라'(2020년 6월 13일) 등이다. 오풍연 칼럼에는 거의 대선주자급이다.

홍정욱의 본격 등판을 촉구한 지 1년 만에 사실상 정치재개를 선언(?)했다고 본다. 그의 처신이 가볍지는 않다. 작년에 딸 문제가 터졌다. 마약류를 갖고 들어오다가 공항에서 적발돼 집행유예 형을 선고 받았다. 그것이 발목을 잡았다고 할 수 있었다. 그래서 못 움직인 측면이 없지 않다. 딸 문제에 관해서는 모두 아버지인 자기 책임이라고 강조한 바 있다.

홍정욱은 선택지가 많다. 서울시장 선거에 뛰어들 수도 있고, 바로 대통령 선거를 노릴 수도 있다. 나는 지금도 그가 서울시장보다는 대통령 선거에 나섰으면 한다. 윤석열 검찰총장도, 홍정욱도 충분한 경쟁력을 갖췄다고 생각한다. 만약 둘이 경쟁한다면 시너지 효과도 거둘 수 있으리라. 정치도 이벤트 성격이 짙다. 이만한 카드가 또 있을까.

통합당에 서울시장감은 홍정욱 아니더라도 찾을 수 있다. 조은희

서초구청장도 좋은 재원이다. 조 구청장에 대해서는 특히 이미지가 좋아 통합당의 이미지도 변화시킬 수 있을 게다. 얼마 전 임차인 5분 발언으로 스타가 된 윤희숙 의원 카드도 만지작거릴 수 있다. 조은희와 윤희숙이 경쟁하는 것도 나쁘지 않은 그림이다.

그럼 홍정욱은 어떤 선택을 할까. 아마 서울시장을 노리고 있을지도 모른다. 아직 젊기(50) 때문에 서울시장을 거쳐 대통령에 도전하더라도 늦지 않다고 여길 게다. 물론 그래도 된다. 하지만 보다 큰 그림을 그렸으면 한다. 현재 당내에 대통령감은 없다. 야권 통틀어서도 선호도 5% 넘는 사람이 1명도 없다. 홍정욱이 대권에 도전한다고 하면 그 틀이 무너질 수 있다. 일약 5% 이상의 주목을 받을 것 같다.

나는 홍정욱을 한 번도 본 적이 없다. 오랜 정치부 기자 경험으로 비춰 그의 가능성을 눈여겨 보고 있다고 할까. 어떤 선택을 할지 궁금하다.

2020. 8. 27

보수진영,
윤석열 홍정욱을
띄워 보라

보수진영에 대권주자가 없다. 여당은 이낙연 (선호도 28%), 이재명(12%)이 있으나 야당엔 씨가 말랐다. 3% 이상은 한 명도 없다. 안철수(2%), 홍준표(2%), 윤석열(1%), 황교안(1%), 오세훈(1%) 등이 고만고만 했다. 갤럽의 여론조사 결과다. 물론 이런 추세가 대선 때까지 갈 리는 없다. 그래도 야당의 열세가 뚜렷하다. 대권주자를 띄워야 한다. 그렇지 않으면 정권교체는 불가능하다. 새 인물은 나올 수 있다.

야당이 왜 이처럼 쪼그라 들었을까. 당도 책임이 있고, 대권주자들도 마찬가지다. 무엇보다 당이 사람을 관리하는데 실패했다. 김종인 같은 사람을 데려다 비대위원장을 시키고 있으니 한심하기 짝이 없다. 김종인은 욕심쟁이. 사심私心이 없다고 할 수 없다. 본인이 대단한 사람인 양 착각하고 있는 것도 같다. 그런 사람을 모셔오는 통합당도 거기서 거기다.

나는 김종인의 말 가운데 딱 하나만 동의한다. "지금 당에 대권주자가 없다"는 대목. 홍준표도, 유승민도, 원희룡도, 오세훈도, 황교안도 아니다. 그렇다면 새 인물을 수혈할 수밖에 없다. 사람이 없다는 말은 찾고 싶지 않다는 얘기와 다름 없다. 사람은 있다. 정말 시대가 원하는 상像이라면 삼고초려를 해서라도 모셔와야 한다. 그렇지 않으면 승산이 없다.

과연 그런 인물이 있을까. 사람이 하늘에서 뚝 떨어지지는 않는다. 사람을 띄우는 데도 한계가 있다. 기본적으로 지명도가 있어야 한다. 그런 사람 가운데 고를 수밖에 없다. 솔직히 통합당에 인물 DB가 있는지도 모르겠다. 아마 주먹구구식으로 사람을 영입했을 게다. 그것은 21대 총선 결과가 말해준다. 민주당은 민주연구원에서 체계적으로 사람을 영입하는 등 자료에 의존하는 모습을 보여주었다.

반면 통합당은 엉터리였다. 민경욱을 보자. 몇 번 뒤집은 끝에 공천을 확정했다. 그런 후보가 나가 선전을 할 리 없다. 떨어진 후에도 이상한 짓을 하고 있다. 해당 행위를 하고 있으니 말이다. 그런 사람은 당에서 축출하는 것이 옳다. 통합당은 어차피 내년 재보선 때까지 김종인 체제로 운영된다. 김종인이 대권주자를 점찍을 수밖에 없는 구도다. 김종인이 사심을 버리고, 정말 괜찮은 사람을 영입하면 재평가를 받을 수도 있다.

거듭 말하지만 내가 점찍은 사람은 둘이다. 윤석열 검찰총장과 홍정욱 전 의원. 이 둘을 띄워야 한다. 윤 총장은 현직이어서 한계는 있다. 그러나 윤석열을 미는 방법은 있다. 그가 흔들리지 않고 일을 추진할수 있도록 응원해주면 된다. 윤석열의 임기는 내년 7월. 임기를 채울지는 알 수 없다. 윤석열은 싫든 좋든 정치를 하지 않을 수 없는 운명이다.

홍정욱도 좋은 카드다. 그의 딸 문제가 걸리기는 하지만, 대권에서 딸 문제는 그다지 변수가 되지 않을 것으로 본다. 딸 문제로 더 조심하는 효과도 있기 때문이다. 홍정욱 본인도 정계 복귀를 내심 바람고 있을 게다. 윤석열-홍정욱 카드로 승부를 보아라.

2020. 6. 13

통합당 대통령감은
윤석열 홍정욱 말고
또 있을까

"택도 없는 소리다. 우리는 내년 봄까지는 모든 걸 다 준비해야 한다. 대선 1년 전까지는 제대로 토대를 만들어야 한다는 얘기다. 그러려면 가장 중요한 게 당선할 수 있는 대선 후보를 내는 것인데 당내에서는 없다. 김세연? 홍정욱? 4~5선 중진? 다 아니다. 그런 상품들로는 안 된다. 1년 만에 당내에서 누구를 키워낸다? 불가능하다."

심재철 통합당 원내대표가 4일 한 언론과 가진 인터뷰에서 한 말이다. 지금 통합당의 현주소를 말해주는 것 같다. 여당은 대선후보감이 넘치는데 야당은 딱히 "이 사람이다"라는 인물이 안 보인다. 무소속으로 당선된 홍준표는 밖에서 헛물을 켜고 있다. 나는 홍준표의 한계를 25~30%로 본다. 그 정도 지지율로는 어림도 없다. 적어도 40% 안팎의 지지율을 올릴 수 있는 사람을 고르고, 키워야 한다.

그럼 당 밖에서 데려와야 한다. 하지만 한계가 있다. 정치인이 그냥 하늘에서 뚝 떨어지지 않는다. 적어도 정치밥을 먹은 사람 가운데 고를 수밖에 없다. 그 학습은 황교안에게서 충분히 했다. 황교안은 정치를 몰라도 너무 몰랐다. 하루 아침에 낙동강 오리알 신세를 면치 못하는 것만 보더라도 알 수 있다. 누가 있을까. 심재철도 특정인을 지목하지는 못했다.

내가 볼 때 김세연 역시 안 된다. 그는 특색이 없다. 너무 온실에서 자랐다. 대통령감은 산전수전 다 겪은 사람이 유리하다. 그런 맥락에서 볼 때 홍정욱 카드는 그래도 낫다. 딸 마약 문제로 흠집은 났지만, 그대로 평가받으면 된다. 현재로선 홍정욱 이상의 카드가 안 보인다. 그것은 물론 내 관점이다. 또 하나의 카드는 윤석열 검찰총장이다.

윤 총장의 임기는 내년 7월. 사실 그때부터 준비를 해도 늦지는 않다. 통합당이 대선후보로 추대했으면 좋겠다. 고만고만한 후보끼리 경선을 하는 것은 돈과 시간 낭비다. 차라리 윤석열을 띄워 승부를 보는 것이 어떨까 싶다. 윤석열은 황교안과 다르다. 우선

배짱이 두둑하다. 대국민 이미지도 나쁘지 않다. 보수의 아이콘
으로 충분히 자리매김 할 수 있다.

여권도 윤석열 카드를 가장 경계할 것으로 본다. 사실 가장 껄끄
러워하는 사람이 바로 후보감이다. 윤석열이 중간에 사의를 표명
할 가능성도 없지 않다. 문재인 정권과 정면 승부를 하기 위해서
다. 황교안은 대표가 되고나서도 중심을 잡지 못 했지만 윤석열
은 다를 것으로 관측된다. 윤석열 본인은 정치를 할 생각이 없다
고 했지만 시대가 부르면 어쩔 수 없다. 그게 사나이의 운명이기
도 하다. 앞으로 홍준표가 윤석열을 칠 지도 모르겠다.

2020. 5. 4

홍정욱
대망론 무르익나

김종인이 재미 있는 얘기를 했다. 지난번 대선에 나왔던 사람들은 모두 시효가 끝났다고 했다. 홍준표 유승민 안철수를 겨냥했음은 물론이다. 그러자 홍준표가 발끈한 것. 연일 김종인을 공격하는 것과 무관치 않다. 자기는 대선에 다시 나가려고 하는데 안 된다고 하니 발끈할 만하다.

그럼 김종인은 누구를 생각하고 있을까. 70년대생, 경제를 잘 아는 사람이면 좋겠다고 했다. 정치를 알아야 함은 말할 것도 없다. 그럼 누가 있을까. 제일 먼저 떠오르는 사람이 홍정욱이다. 홍정욱은 70년생. 사업도 해 경제를 잘 안다고 할 수 있다. 아마도 홍정욱을 염두에 둔 것이 아닌가 생각한다.

먼저 대선후보의 자격을 본다. 내가 볼 때 세 가지 조건을 충족시켜야 한다. 그렇지 않으면 그 자리에 올라갈 수 없다. 첫째, 본인의 권력의지, 즉 대권욕이 있어야 한다. 문민정부 이후 대통령들을 보자. 김영삼 김대중 노무현 이명박 박근혜 문재인. 이중 문재인을 빼면 다들 권력의지가 대단했다. 문재인은 박근혜 탄핵으로 대통령 자리를 주었다고 할 수 있다.

두 번째는 대중적 인기다. 정치는 어차피 인기를 먹고 살 수밖에 없다. 대중에게 다가설 수 있는 사람이 유리하다. 지금 이낙연이 대권주자 선호도 1위다. 다른 후보군에 비해 월등히 앞서가고 있다. 그러나 인기라는 것도 하루 아침에 무너질 수 있다. 그것을 계속 유지해 나가려면 자기관리를 철저히 해야 한다. 국민의 지지보다 더 큰 무기는 없기 때문이다. 그런 점에서 홍정욱의 인기도 만만치 않다.

나는 이번 종로 선거도 처음부터 이낙연과 홍정욱의 대결을 촉구한 바 있다. 종로에서 이낙연과 겨룰 수 있는 사람은 홍정욱이 유일하다고 보았다. 그러나 황교안이 뒤늦게 마지못해 뛰어들었고, 결과는 참패였다. 그 선거는 보나마나였다. 황교안은 지는 선거를 했던 것. 가장 바보 짓을 했다. 황교안의 추락은 회생불능이다. 지금 봐라. 황교안을 애기하는 사람은 없다.

세 번째는 당내 리더십이다. 국회의원들을 내 사람으로 만들 수 있는 힘이 필요하다. 이낙연의 최대 약점이기도 하다. 그가 선호도에서는 크게 앞서가지만 당심黨心은 얻고 있다고 볼 수 없다. 지지율과 당심은 또 다르다. 대선후보는 전당대회서 뽑는다. 대의원들을 확보하는 게 중요하다. 이낙연이 당 대표 선거에 나올까 말까 망설이는 대목이기도 하다. 나왔다가 거기서 떨어지면 대선후보도 멀어지게 된다.

홍정욱을 보자. 본인의 대권욕은 충분하다고 본다. 대중의 인기도 좋은 편이다. 당내 리더십은 검증되지 않았다. 그러나 김종인이 말한 것처럼 70년대생 기수로 나설 경우 바람을 일으킬 수 있을 것으로 본다. 말하자면 70년대생 기수론이다. 김영삼 김대중 이철승이 40대 기수론을 내세웠듯이 홍정욱과 또 다른 70년대생이 뜨면 통합당도 해볼만 하다. 솔직히 홍준표 갖고는 어림없다.

통합당이 살 길은 세대교체 뿐이다. 거기에 홍정욱 카드는 나쁘지 않다. 물론 내가 보는 견해다. 얼마나 동의하는가.

2020. 4. 27

경력으로 볼 때는 대통령을 하고도 남는다. 평판이 아주 좋다. 그것을 인기로 연결시키지 못했다. 총리를 하고 있음에도 지명도가 낮다. 인기를 높이는 데 주안점을 두어야 한다. 어차피 정치는 인기를 먹고 산다. 인기만 조금 얻으면 경쟁력은 무궁무진하다. 국회의장, 총리, 대통령까지 3관왕을 달성할 지도 관심사다. 그가 마지막으로 노리는 자리는 대통령이다.

정세균도
몸풀기 나섰다

정세균 총리는 참 특이한 사람이다. 항상 웃음 띤 얼굴이다. 정치인에게 대단한 장점이 아닐 수 없다. 국민, 즉 유권자에게 거리감이 느껴지지 않는다. 실제로도 편안하다고 한다. 지도자상으로는 가장 좋다. 그런 그에게도 약점은 있다. 지명도가 너무 낮다는 것. 문재인 대통령이 그를 총리에 앉힌 것도 그런 약점을 보완해주기 위해 그러지 않았나 싶다.

정세균은 당 대표, 장관, 국회의장도 했지만 상대적으로 지명도는 낮았다. 그의 성품과 무관치 않다고 본다. 여느 정치인과 달리 튀는 행동을 하지 않는다. 사이다 발언을 할 줄도 모른다. 그래서 눈에 덜 띄었던 것도 사실이다. 그러나 총리를 하면서 국민들한테 눈도장을 많이 찍었을 것 같다. 이제 "정세균" 하면 많이 알고 고개를 끄덕인다.

최근 전주엘 다녀온 지인이 현지 분위기를 전했다. "전주에서는 정세균 얘기를 많이 합니다. 인기가 장난 아닙니다" 예전 정동영이 관심을 모았다면 지금은 정세균이라는 얘기다. 그에게는 남이 갖지 않은 장점도 있다. 욕을 먹지 않는다는 것. 그만큼 사람 관리를 잘 했다는 뜻이기도 하다. 나도 정치판을 오래 취재했지만, 정세균 욕 하는 사람은 한 명도 보지 못 했다.

정세균이 움직이고 있다고 한다. 다음 대선을 위해서다. 나도 일찍이 그런 예상을 한 바 있다. 정세균을 눈여겨 보아야 한다고. 정치인이 대권을 바라보는 것은 탓할 일이 아니다. 정세균이 뛰는 것은 당연하다. 다른 대권주자들도 정세균의 저력을 알고 있어 긴장감을 늦출 수 없을 게다. 이낙연 민주당 대표 측이 제일 긴장하고 있다는 얘기도 들린다.

정치권에 따르면 SK(정세균)계가 주축인 의원 모임 '광화문포럼'은 최근 50여명 이상으로 세를 확장하고 26일부터 여의도에서 매월 공부모임을 개최한다. 전체 민주당 의원 수(174명)의 3분의 1에 가까운 규모로, SK계 이외에도 친문(친문재인)과 비문(비문재인) 의원들도 두루 이름을 올린 것으로 알려졌다. 여기서 회장은 김영주 의원이, 운영위원장과 간사는 각각 이원욱 의원과 안호영 의원이 맡는 등 SK계 주도라는 점에서 정세균 지지모임으로 볼 수 있다.

이 같은 움직임에 정작 정세균 본인은 말을 아끼고 있다. 국정에 집중한다는 입장이다. 하지만 정치권에선 그가 당내 대선후보 경선을 염두에 두고 내년 3월쯤 총리직을 던질 것으로 보고 있다. 나도 그 같은 전망을 한다. 정 총리는 앞으로 전국을 돌며 중앙재난대책본부(중대본) 회의를 주재하거나 규제혁신 등 경제 행보에 주력하며 존재감을 키울 방침이다. 정 총리가 코로나 대응은 잘하고 있다는 평가다.

재계도 정세균의 행보를 주시하고 있다. 여야 통틀어 재계와 가장 가까운 대권주자는 정세균이다. 깃발만 들면 정치자금도 쉽게 마련할 것이라는 게 중론이다. 더욱이 전국적으로 탄탄한 조직이 있어 무시 못할 존재로 부각되고 있다. 친문 역시 정세균에 대해서는 크게 반감이 없는 것으로 전해진다. 정세균의 앞으로 행보가 주목된다고 하겠다.

2020. 10. 26

정세균은
안정감,
이낙연은 사이다

다음 대선에서 문재인 정부 1·2대 총리가 맞붙을 가능성은 거의 100%다. 이낙연 전 총리는 사실상 대권도전을 선언한 상태이고, 정세균 총리도 현직이라서 공개만 안 했을 뿐이다. 내년 3월 총리직을 물러나 대권에 도전할 것이라는 얘기다. 권력욕만 놓고 따지면 정세균이 이낙연에 뒤지지 않는다는 게 정치권의 평가다. 노련미에선 6선 출신인 정세균이 이낙연을 능가한다는 견해도 있다.

경력에서도 정세균이 조금 앞선다고 할 수 있다. 정세균은 장관에다 국회의장까지 했다. 그래서 입법부 수장으로 국가 의전 서열 2위를 한 사람이 그 아래 총리를 맡는 게 적절한 지를 놓고 논란도 있었다. 정세균의 총리 발탁은 문재인 대통령의 배려로 볼 수 있다. 총리를 하면 국회의장보다 훨씬 더 지명도를 높일 수 있어서다.

정세균이 첫 대정부 질문에서 무난히 데뷔했다. 이낙연의 사이다 발언처럼 화려하지는 않았지만 안정감이 돋보였다. 사실 사이다 발언은 야당을 싫어하는 사람들에게 청량제처럼 다가오지만 내용은 없다. 톡 쏘는 맛만 있다고 할까. 이낙연은 그것으로 재미를 보고, 지지율이 높아진 것도 물론이다. 그러나 총리를 물러난 다음에는 너무 신중한 나머지 현안에 제때 대응하지 못하고 있다.

무엇보다 정치인은 철학이 있어야 한다. 그리고 치고 나가는 힘도 필요하다. 매사 신중하면 득보다 실이 많다. 이낙연이 그런 경우가 아닌가 싶다. 대권주자 지지율에서 2위를 곱절 이상 앞서가다 오차 범위내로 따라잡힌 것과 무관치 않다고 본다. 2위인 이재명은 거침 없이 말을 한다. 이슈 선점에도 여타 주자들을 앞지르고 있다.

정세균은 대정부 질문에서 그만의 특징을 보여주었다. 진솔한 면이 최대 장점이다. 사이다 발언은 자칫 장난으로 비칠 수도 있다. 정 총리는 부동산 대책, 고故 박원순 시장 성폭력 의혹 등 민감한 이슈들에 무리 없이 대응하면서 선방했다. 자기 의견도 밝혔다.

잘된 것은 잘 했다, 못한 것은 못 했다고 인정하기도 했다. 말꼬리를 잡는 일은 없었다.

가장 민감한 박원순 성추행 의혹에 대해서는 "국민께 송구하다"며 낮은 자세로 일관했다. 특히 박 전 시장의 피소사실 유출 의혹과 관련, "진상규명이 필요하다. 진원지가 경찰이나 정부라면 책임이 따를 일"이라는 단호한 입장으로 야권의 공세를 차단했다. 따라서 이 부분에 대한 수사는 불가피하다. 현재로선 정부의 책임이 크지 않은가 여겨진다.

민주당이 띄우고 있는 행정수도 이전에 관해서도 '국민 지지가 중요하다'며 신중론을 폈다. 그러면서도 "행정수도 문제는 2002년 대선부터, 거의 20년 전부터 민주당이 소중하게 추진해온 정책이다. 언제 어떻게 실행하느냐는 정당의 판단"이라고 역설했다. 아울러 "부동산 문제에 대해 국민 여러분께 걱정을 끼쳐 드려 정부를 대표하는 총리로서 송구스럽다"고 고개를 숙였다.

정세균도 좋은 재목임은 틀림 없다. 대권주자로 발돋움하려면 자기 만의 색깔도 있어야 한다. 그가 앞으로 어떤 모습을 보일지 궁금하다.

2020. 7. 25

대권주자로
정세균도 뜬다

문재인 대통령이 정세균 총리에게도 힘을 실어주고 있다. 20일 청와대 회동 뒤 총리실을 통해 그린벨트 지역을 보존하겠다고 발표한 것이 그렇다. 요 며칠 동안 이 문제를 두고 갑론을박이 있었다. 분위기는 그린벨트 해제 쪽이었다. 그런데 정 총리가 지난 일요일 방송에 나와 신중해야 한다며 사실상 반대 입장을 밝혔다. 그러자 문 대통령이 이에 화답한 셈이다.

청와대가 총리와의 회동 결과를 발표하지 않은 것도 이례적이다. 눈여겨 볼 대목이 아닐 수 없다. 정 총리도 대권주자. 현재 이낙연과 이재명이 부각되고 있지만 정세균이 뛰어들면 또 상황이 바뀔 가능성이 없지 않다. 이른바 당심黨心은 정세균이 쥐고 있다고 할 수 있다. 다크호스로 등장할 가능성이 크다는 얘기다. 이낙연이 김칫국부터 마셨다간 낭패를 당할 수도 있다. 이재명은 호전적이고, 정세균은 조직적이다. 반면 이낙연은 색깔이 없다. 정치는 이처럼 시시각각 변한다.

민주당의 다음 대선 구도를 그려본다. 이낙연 이재명 정세균의 3파전이 될 것 같다. 김경수 김부겸 등은 상대적으로 지명도 등이 낮다. 어제를 기점으로 정세균도 기지개를 켤 게 분명하다. 앞으로 문 대통령이 정 총리에게 힘을 실어주는 일이 반복되면 정세균이 뜨는 것은 시간 문제다. 두 번만 더 이 같은 일이 생기면 확 달라질 것으로 본다.

나는 지난 4월 25일 '정세균도 민주당 대선주자 다크호스다'라는 칼럼을 쓴 바 있다. 그 이후 정세균도 점수를 많이 땄다. 무엇보다 코로나 정국에서 총리의 역할을 다했다. 문재인 대통령도 잘 모시고 있다. 어제 발표를 총리실로 하여금 하게 한 것도 이런 상황과 무관치 않은 듯하다. 문 대통령이 정 총리를 밀어주었다고 할 수 있다.

"정세균도 최적의 총리 후보는 아니다. 안정감은 주지만 임팩트가 없다. 정치인 정세균의 한계이기도 하다. 6선에다 장관, 당 대표, 국회의장까지 지냈지만 지명도가 너무 낮다. 일반 국민에게 정세균이 누군지 아느냐고 물어보면 고개를 갸웃한다. 대선 주자로 뜨지 못하는 이유이기도 하다. 정치인은 우선 이름이 알려져야 한다. 총리에 임명되면 지명도도 올라갈 터. 문재인 대통령의 정 후보자에 대한 배려로 여겨진다. 이낙연과 정세균 대결구도도 점쳐진다. 당내 정세균계는 있다. 반면 이낙연은 혼자다. 지금 지지율은 그다지 의미가 없다. 이낙연보다는 정세균이 그래도 낫다. 이낙연은 인정하고 싶지 않겠지만."

이 글은 내가 지난 1월 7일 썼던 글이다. 그로부터 7개월여가 지났다. 그동안 상황이 얼마나 많이 변했는가. 이낙연은 배지를 달았고, 총선에서 압승을 거뒀다. 그리고 어제 당 대표 선거 등록을 했다. 그러나 지지율에선 이재명이 턱밑까지 쫓아 왔고, 문 대통령은 정 총리도 챙기고 있는 실정이다. 앞으로 전망 역시 알 수 없다.

"정세균은 아주 무서운 사람입니다. 한 번 두고 보십시오" 정세균을 잘 아는 정치인의 말이다. 이낙연과 이재명도 버거운 상대와 맞닥뜨려야 한다.

2020. 7. 21

정세균 총리까지
바꿔라

남북 관계가 최악으로 치닫고 있는데 정작 정세균 총리는 아무런 말이 없다. 총리도 책임이 없다고 할 수 없다. 대통령 뒤에 숨어 있으면 안 된다. 북한 김여정이 2인자라면 우리도 정 총리가 나서는 게 맞다. 정세균은 무사안일형으로 비친다. 적당히 자리를 때우다가 대선에 뛰어들 것 같다. 그는 왜 자신의 존재감이 없는지 생각해 보아야 한다. 역할을 다하지 못해서다. 정세균의 한계다.

총리는 일인지하만인지상이라고 한다. 국정의 2인자라는 뜻이다. 물론 대통령제인 한국에서 총리의 한계는 있을 수밖에 없다. 그런데 정세균은 있는지, 없는지도 모를 정도다. 지금 총리가 누구인지 물어보면 얼마나 알까. "정세균"이라고 답하는 사람이 그리 많지 않을 것 같다. 정세균이 대권을 꿈꾼다면 극복해야 할 과제라고도 할 수 있다.

문재인 대통령은 정세균에게 할 만큼 다 했다. 국회의장을 지낸 사람을 총리까지 시켜주었으니 말이다. 그럼 정세균도 그만한 역할을 했어야 했다. 정치 칼럼을 쭉 써온 나도 정세균이 총리로서 한 일은 그다지 기억이 없다. 대구에서 코로나가 극성을 부릴 때 현지로 내려가 얼마 동안 있다가 온 것 말고는 생각나는 게 없다. 이전 이낙연 전 총리과 비교해도 존재감이 너무 없다.

아마 지금 정세균의 마음은 여의도에 가 있을 듯 싶다. 콩밭에 가 있다는 뜻이다. 정세균을 잘 아는 지인의 얘기다. "정세균은 무서운 사람입니다. 대통령 안 나올 사람이 아닙니다. 당내 조직도 탄탄하구요. 당 대표를 두 번 하면서 심어놓은 사람이 많습니다. 슬슬 웃지만, 속은 무섭습니다." 지인이 정세균을 정확히 짚은 것 같기도 하다. 총리를 맡은 것부터가 그렇다.

지금 가장 어려운 사람은 문 대통령이다. 나는 줄곧 문 대통령이 무능하다고 평가해 왔다. 요즘들어선 안쓰럽다는 생각도 든다. 혼자서 고군분투하는 느낌이다. 정의용 국가안보실장이나 서훈 국정원장, 이미 사의를 표명한 김연철 통일부장관은 무능하기 짝이 없다. 문 대통령의 지시사항을 이행하지 못한 책임을 함께 져야 한다.

남북 관계에 있어서도 총리의 역할이 필요하다고 본다. 이번에 특사로 정의용이나 서훈 대신 정세균 총리를 보낸다고 했으면 북한이 어떤 반응을 보였을까. 물론 거절했을 것으로 본다. 북한에서도 존재감 없는 총리는 환영할 리 없다. 정세균이 이처럼 홀대를 받는 데는 본인에게도 큰 책임이 있다. 적당히 때문이 아닌가 싶다. 총리를 마지막 자리라고 여긴다면 이처럼 하지 않을 것이다. 혼신의 힘을 다하는 모습을 읽을 수 없다.

내가 총리까지 포함한 전면 개각을 주장하는 이유다. 정세균은 취임한지 1년도 안 된다. 정세균 본인도 내년 3월까지는 총리를 하고 싶을 게다. 그런 다음 대선에 뛰어들 계획을 갖고 있을 터. 문 대통령이 정세균에게는 조금 안 됐지만 그도 바꿨으면 한다. 전면 개각으로 분위기를 바꿀 필요가 있다. 북한 요인만은 아니다. 선거서 압승을 거뒀다고 모든 것을 면죄부 받은 것은 아니다. 이번에 정세균 총리도 바꿔라.

2020. 6. 19

문비어천가,
낯 뜨겁지 않은가

"문 대통령이 일촉즉발의 북핵 위기 상황에서 취임하셔서 평창 동계올림픽 기회를 살려 남북대화의 모멘텀을 만드셨고, 세 차례 남북 정상회담을 통해 '한반도 평화의 시대로 가는 초석'을 잘 닦으셨다" 정세균 총리가 10일 문재인 대통령 취임 3주년을 맞아 페이스북에 올린 글이다. 솔직히 낯이 뜨겁다. 정 총리의 속내도 보인다. 그가 왜 이렇게 문 대통령을 칭송할까.

정 총리는 이날 "지난 3년은 대통령님의 '위기 극복 리더십'이 빛난 시기"라고 썼다. 그는 "3년 전 국민의 선택과 환호는 지금 더 뜨거워지고 있다. 국정 지지율이 역대 최고인 70%를 상회한다"

정세균

면서 "이렇게 높은 지지는 앞으로 해야 할 일에 대한 국민적 기대감이 크다는 것을 의미한다"고 했다. 정 총리의 진단에 대해 트집 잡고 싶은 생각은 없다. 하지만 정 총리의 문비어천가는 아무래도 어색하다.

정 총리가 이처럼 문 대통령을 칭송하고 나온 이유는 간단하다. 큰 뜻(대권)을 품고 있는 그가 이른바 '문빠'들을 끌어안으려는 의도다. 정 총리는 굉장히 치밀한 사람이다. 이미 대권 전략도 다 짜 놓았을 것으로 본다. 현재 지지율 1위를 달리고 있는 이낙연보다 더 구체적인 계획을 갖고 있을 게 분명하다. 반면 이낙연은 상대적으로 취약하다. 이런 맥락에서 볼 때 정세균의 문재인 칭송은 앞으로도 계속 될 것 같다.

정권을 책임진 사람들은 보다 솔직해질 필요가 있다. 문재인 정권이 잘 해서 이 같은 지지율이 나온다고 보는가. 그것은 아닐 게다. 나는 두 가지 측면에서 바라본 바 있다. 하나는 코로나 대응이다. 또 하나는 야당의 무능. 이 두 개가 겹쳐 문 대통령의 지지율을 끌어 올렸다. 국민은 단순하다. 당장의 효과나 현상에 대해 평가하는 경향이 있다. 그것은 이번 총선 결과로도 나타났다. 내가 문 대통령의 운이 억세게 좋다고 평가한 이유다.

정 총리 말고도 여러 사람들이 문비어천가 대열에 섰다. 김태년 민주당 원내대표는 문 대통령의 특별연설에 대해 "한 사람의 생명도 소홀히 하지 않겠다는 절박한 마음이 느껴졌다"면서 "(코로나) 위기에 잘 대응해 세계를 선도하는 기회로 만들자는 자신감이 보였다"고 했다. 박범계 의원은 "문 대통령은 지치지 않고 3년을 이끌어주셨다"면서 "감사합니다. 대통령님!"이라고 했다.

청와대 대변인을 지낸 고민정 당선자는 "밤낮없이 일하는 문 대통령을 모시고 대한민국을 대변한 건 제 일생에 큰 영광이었다"고 말했다. 박찬대 의원은 문 대통령 연설 직전 "3년 전에 이미 (대통령 당선으로) 선물을 주셨는데 또 특별연설 선물을 주신다고 한다"고 했다. 나아가 이광재 당선자는 지난 8일 유튜브 방송에 출연해 "노무현·문재인 대통령은 기존 질서를 해체하고 새롭게 과제를 만드는 '태종'과 같다"고 했다. 문 대통령을 조선의 기틀을 다진 3대 왕 태종에 비유했다고 할까.

나도 문 대통령에게 축하를 건네긴 했다. 하지만 여당 인사들의 문비어천가는 부메랑으로 돌아올 가능성도 크다. 경제 상황 등이 좋지 않기 때문에.

2020. 5. 11

정세균

정세균도
민주당 대선주자
다크호스다

다음 대선의 민주당 다크호스는 누구일까. 나는 정세균 총리를 찍는다. 그는 조용한 것 같지만 아주 독특한 성격의 소유자다. 민주당 안에서 유일하게 계보가 있는 정치인이기도 하다. 정치권 안팎에서는 정세균 계보가 대략 30명쯤 될 것으로 본다. 최대 계보라고 할 수 있다. 친문이 판치는 와중에 계보를 만들었다고 할 수 있다.

정세균은 의원들 뿐만 아니라 지방자치단체장, 사무처 당직자와도 가까운 사람이 많다. 두 번에 걸쳐 당 대표를 하면서 구축한 결과다. 어차피 대선 후보는 당내 경선을 거쳐야 한다. 현재 1위 이낙연은 당내 기반이 약하다. 현재 계보는 없다시피 하다. 많아야

2~3명. 물론 그의 지지율을 보고 의원들이 몰려들 가능성은 있다.

정세균이 오는 8월 당권에 뛰어들 가능성도 없지 않다. 코로나를 진정시키면 그것을 명분 삼아 총리를 사퇴하고 당권 장악에 나서는 시나리오다. 정세균은 찬스에 강하다. 그 웃음 속에는 능구렁이가 몇 마리 들어 있다. 전형적인 외유내강형이라고 한다. 문재인 대통령의 신임도 받고 있다. 국회의장까지 지낸 사람을 총리에 앉힌 이유이기도 하다.

나는 80년대 중반 정 총리가 쌍용 부장으로 있을 때 처음 보았다. 당시는 그에게서 권력의지를 읽을 수 없었다. 그러나 국회의원이 되면서 한 계단 한 계단 밟아 올라갔다. 대한민국서 경력으로 치면 최고다. 대통령만 하면 다하게 되는 격이다. 총리, 국회의장, 대통령을 모두 하는 사람이 나올지도 모르겠다. 정말 운도 좋은 사람이다.

코로나가 문 대통령과 민주당을 살렸 듯이 정세균에게도 기회가 될 가능성이 크다. 그 역시 코로나를 잡는 데 최선을 다했다. 사태 초기 대구에 내려가 한참 동안 집무를 보기도 했다. 문 대통령에 가려 크게 빛을 보지는 못 했으나 총리로서 뒷받침은 했다고 할 수 있다. 긴급재난지원금 전 국민 지급 문제도 정 총리가 발 벗고 나서 해결했다.

정세균이 대권 꿈이 없다고 하면 거짓말 일 것이다. 그를 아는 사람이 이렇게 말했다. "정세균은 무서운 사람입니다". 이는 다시 말해 권력욕이 대단하다는 것. 이낙연과 비교하지 않을 수 없다. 권력욕만 갖고 따진다면 정세균이 이낙연보다 한 수 위라고 본다. 대권주자로 이재명 박원순 등도 있지만 이낙연 정세균이 나오면 둘에게 밀릴 공산이 크다.

권력은 그렇다. 누가 그냥 주지 않는다. 투쟁해야 잡을 수 있다. 특히 대통령은 치열한 싸움 끝에 한 사람만 남는다. 그가 대통령이 된다. 민주당 안에는 몸풀기를 하는 사람들이 많다. 대선주자가 없어 외부 영입도 해야 한다는 통합당과는 천양지차다. 그런만큼 당내 투쟁도 치열할 수밖에 없다. 조직 장악에 능한 사람이 유리한 구도다.

정세균이 언제쯤 당으로 돌아올까. 오는 8월 전에 전격적으로 총리를 사퇴할까. 눈여겨 볼 대목들이다.

2020. 4. 25

여전히 앳된 모습이기는 하다. 그러나 당찬 면도 적지 않다고 한다. 노무현 문재인과 가장 가까운 사람이다. 여차하면 전국구가 될 공산도 크다. 무엇보다 드루킹 재판이 관건. 그것만 넘으면 활동 폭을 넓힐 것으로 본다. 이른바 친문이 그를 적극적으로 민다면 대선 판이 바뀌어질 것이다. 유력한 다크호스이기도 하다. 때문인지 한층 더 자기 목소리를 내고 있다.

김경수
공직선거법 위반은
피했다

　　　　김경수 경남지사의 갈 길이 아직도 멀다. 6일 열린 항소심 공판에서 공직선거법 위반에 대해서는 무죄를 선고받았지만, 다른 혐의는 유죄가 인정돼 징역 2년을 선고받았기 때문이다. 앞으로 대법원 판단이 주목된다. 대법원에서 유죄 부분도 파기환송돼야 제약 없이 정치를 할 수 있다. 대권에의 꿈은 여전히 살아있다고 할 수 있겠다.

선거법 위반의 경우 유죄가 확정되면 피선거권이 박탈돼 대권 도전도 할 수 없다. 그것에서 벗어난 것만도 수확이라고 할 수 있다. 아마 변호인단도 이 부분에 중점을 두고 항소심 재판을 준비해오지 않았나 싶다. 나머지 유죄 부분은 대법원에서 법리 다툼을 하면 되는 까닭이다. 또 재판부가 징역 2년을 선고하면서 법정구속은 하지 않아 김경수도 걱정을 덜게 됐다.

서울고법 형사2부(함상훈 김민기 하태한 부장판사)는 이날 김 지사의 댓글 조작(컴퓨터 등 장애 업무방해) 혐의에 대해 1심과 마찬가지로 징역 2년을 선고했다. 하지만 1심에서 징역형의 집행유예가 선고됐던 공직선거법 위반 혐의는 무죄가 선고됐다. 보석으로 풀려나 재판을 받던 김 지사는 실형이 선고됐으나 구속되는 것은 피했다. 재판부는 "항소심에서 일부 무죄가 선고되고 공직선거법에 무죄를 선고하는데 피고인의 보석을 취소할 일은 아니라고 의견을 모았다"고 설명했다.

김 지사는 일명 '드루킹' 김동원씨 일당과 공모해 2016년 11월 무렵부터 댓글 조작 프로그램 '킹크랩'으로 여론을 조작한 혐의로 기소됐다. 또 2017년 대선 후 드루킹과 지방선거까지 댓글 조작을 계속하기로 하고, 같은 해 말 드루킹에게 도두형 변호사의 센다이 총영사직을 제안한 혐의도 받았다. 앞서 1심은 김 지사의 혐의를 모두 유죄로 인정해 댓글 조작 혐의에 징역 2년을 선고하고 법정 구속했다. 공직선거법 위반 혐의에 대해서는 징역 10개월에 집행유예 2년을 선고했었다.

김경수 측은 선거법에 대해 무죄를 받아 일단 안도할 것 같다. 정치인에게는 선거법 유죄가 가장 무섭다. 형이 확정되는 순간 다음 선거에 나갈 수 없게 돼서다. 나머지 유죄 부분도 무죄를 받아내야 한다. 만약 대법원에서 상고가 기각되면 원심대로 징역 2년이 확정되고, 다시 수감돼야 하는 상황이다. 파기환송을 끌어내기 위해 온갖 노력을 할 것으로 본다.

변호인 측도 "상고심에서는 다퉈볼 만하다"고 말했다. 또 선고를 최대한 앞당기는 전략을 짤 가능성이 크다. 그렇지 않으면 대선 전략에 차질이 생길 수밖에 없다. 이른바 친문들도 김경수에게 힘을 실어줄 가능성은 남아 있다. 선거법 위반에서 자유로워진 만큼 이재명의 대항마로 밀 수도 있다는 뜻이다. 친문 진영의 선택도 복잡해졌다고 볼 수 있는 대목이다.

여기에다 내년 3월쯤 정세균 총리마저 대선 경쟁에 뛰어들면 민주당은 또 한 번 회오리가 몰아칠 것이다. 이낙연도, 이재명도, 김경수도, 정세균도 확실한 우위에 서 있지는 못 하다. 다만 경쟁 구도는 확실하다.

<u>2020. 11. 6</u>

민주당에는
김경수
경남지사도 있다

　　　　　　　노무현 전 대통령의 마지막 비서관. 김해 봉
하마을을 끝까지 지켰던 김경수 경남지사를 말한다. 노 전 대통
령이 사람 복은 있었다. 김경수는 봉하마을로 함께 내려갔다. 시
골이기 때문에 망설일 수도 있다. 그러나 김경수는 기꺼이 봉하
행을 택했다. 노 전 대통령의 갑작스런 죽음으로 그의 인생도 바
뀌었다. 20대 들어 국회의원이 됐고, 경남지사 자리에 올랐다.

김경수는 민주당 대권주자로도 물망에 올라 있다. 현재 이낙연
대표와 이재명 경기지사가 1·2위를 다투고 있지만 언제든지 바뀔
수도 있다. 김경수는 복병이라고 할 수 있다. 본격적으로 대선 판
에 뛰어들면 그 판도를 바꿔 놓을 가능성이 크다. 그가 여권 안

에서 차지하는 비중 때문이다. 누가 뭐래도 문제인 대통령과 가장 가까운 사람이다. 문 대통령과 거의 가족같다고 할까.

민주당 안에서 친문은 무시할 수 없다. 친문이 밀면 상황이 달라질 수도 있는 까닭이다. 이낙연도, 이재명도 친문의 눈밖에 나지 않으려고 무척 조심하고 있다. 눈밖에 나는 순간 표가 떨어짐은 말할 것도 없다. 반면 김경수는 태생적으로 친문이다. 친문도 지금 이낙연을 밀고 있지만 여차하면 말을 바꿔 탈 수도 있다. 특히 이낙연이 제일 경계하는 대목이다.

최근 이해찬 전 대표가 군불을 지핀 적이 있다. 김경수 지사가 재판에서 돌아오면 눈 여겨 봐야 할 것이라고. 드루킹 사건에서 무죄를 선고 받으면 움직일 것이라는 얘기다. 친문은 굉장히 조직적이다. 사람 띄우는 것은 시간 문제다. 앞서 이 전 대표는 민주당 내 대선 판도가 바뀔 수도 있다고 말한 바 있다. 김경수 등을 두고 이 같은 말을 했을 것으로 본다.

김경수에게 요구되는 것은 권력의지다. 노무현 전 대통령도 가까이서 모셨고, 문재인 대통령과도 친하기 때문에 이른바 통치학을 경험한 터다. 어떻게 하면 대통령이 된다는 것을 아는 사람이다. 여기에 자기 철학을 접목시키면 승산이 없지 않다고 본다. 내가 보건대 이낙연은 철학이 없고, 이재명은 철학이 있되 설 익은 철학이다. 대통령다운 철학이 없다는 뜻이다.

나는 김경수도 개인적으로 좋아하지 않는다. 하지만 이재명보다
나대지 않고, 이낙연처럼 눈치도 보지 않는 정치인으로 알고 있
다. 그리고 둘에 비해 상대적으로 젊다. 김경수는 67년생으로 53
세다. 2년 후 대선에 출마해도 55세. 앞으로 한국은 젊은 리더십
이 필요하다. 김경수가 조금만 더 갈고 닦으면 강력한 대권주자가
될 것으로 예상한다.

정치는 생물이라고 한다. 김경수에 대한 재판이 끝나는 시점에서
또 한바탕 요동이 칠 것 같다. 무죄를 선고받을 경우 친문도 움직
이고, 김경수도 기지개를 켤 것이다. 따라서 드루킹 사건 재판이
관건이라고 할 수 있다. 여권 관계자도 "11월 6일 김경수 경남지
사 재판이 끝나야 본격적 대선판이 움직일 것"이라고 말했다. 김
경수 변수가 있다는 뜻이다.

김경수는 잠재력이 무한하다. 부드러워 보이는 외모와는 달리 강
단도 있다. 그의 향후 행보가 주목되는 이유다.

2020. 9. 19

F학점의 그들

김경수를
더 바보 만드는
민주당

정말 어쩌자는 건가. 집권 여당이 법원의 판결을 부정하면 끝장을 다 봤다고 할 수 있다. 지금 민주당이 그렇다. 김경수 경남지사 판결에 불복하고 나섰다. 피고인은 그렇게 주장할 수 있다. 그러나 민주당은 제3자다. 직접 당사자가 아닌데도 이러쿵 저러쿵 하는 것은 옳지 않다. 사법부에 대한 간섭 그 이상도 이하도 아니다.

우리나라는 3심제를 채택하고 있다. 판결에 불만이 있으면 항소, 상고를 한 뒤 다투면 된다. 바깥에서 아무리 주장을 해 보았자 소용이 없다. 유무죄 공방은 법정에서 해야 한다. 재판부는 양쪽의 얘기를 들어보고 어느 한 쪽의 손을 들어준다. 김 지사 측은 조만간 보석을 신청할 예정이라고 한다. 재판부가 풀어주고 싶어도 못 풀어 줄 것 같다. 만약 풀어주면 민주당의 압박을 받아 굴복했다고 하지 않겠는가.

민주당이 19일 국회에서 기자간담회를 열고 김경수 경남지사에 실형을 선고한 1심 법원을 비판했다. 앞서 율사 출신 의원들이 주축이 된 민주당 사법농단세력 및 적폐청산대책 특별위원회는 1심 판결의 부당성을 주장하는 한편 판결문을 자체 분석한 바 있다. 판결의 부당성을 알리기 위해 기획된 이날 간담회는 외부 전문가가 발제하는 방식으로 진행됐다. '재판 불복'이라는 외부 비판을 피하려는 것으로 보이지만 도긴개긴이다.

차정인 부산대학교 법학전문대학원 교수는 "일단 김 지사와 드루킹(김동원) 간에 지시·승인·허락의 관계가 성립하지 않는다"면서 "킹크랩 시연과 참관, 그리고 킹크랩 개발과 사용을 허락한 행위 등은 그다음 문제"라고 강조했다. 이어 "증거재판주의에서는 '합리적 의심이 없는 정도의 증명'이 필요한데 피고인의 공모는 김동원의 신빙성 없는 진술에 절대적으로 근거하고 있다"면서 "형사소송법에 충실한 재판부라면 검사에게 '증인 등의 진술은 신빙성이 문제가 되니 다른 객관적 증거를 제출하라'고 하고 검사의 패소(무죄)를 선고했어야 했다"고 지적했다.

차 교수가 법률 학자로서 이 같은 주장은 펼 수 있다. 그런데 민주당이 주최한 기자간담회서 그런 주장을 펴 모양새가 우습게 됐다. 같은 주장이라도 깔아 놓은 명석이 어디냐에 따라 달라진다. 재판부도 신이 아닌 이상 잘못 판단할 수도 있다. 그런 주장은 재판부에 해야 한다. 결국 피고인 측 변호인이 1심 재판부를 설득시키지 못해 법정구속이라는 최악의 결과를 빚었다.

김용민 변호사도 "김동원 등의 진술증거는 증거능력이 없거나 진술을 서로 맞춘 흔적들이 발견돼 신빙성이 매우 낮아 이를 통해 유죄를 인정하기에는 부족하다"면서 "김 지사와 김동원 등과의 공범 관계가 성립한다고 보기에 어려운데도 재판부는 김동원 등의 진술에 대해서만 신빙성이 높다고 판단하는 모순을 보였다"고 지적했다.

민주당 입맛에 맞는 학자와 변호사의 입을 빌려 재판부를 비판한다고 김경수에게 도움이 될까. 하나만 알고 둘을 모르는 이치와 같다. 김경수를 더 바보로 만들지 말라.

2019. 2. 19

김경수
손 들어준 법원

　　역시나였다. 일각의 우려(?)대로 김경수 경남 지사에 대한 구속 영장이 기각됐다. 드루킹 특검이 영장을 청구했을 때부터 기각될 가능성이 높았던 것도 사실이다. 특검의 수사가 미덥지 못했고, 결정적인 한방이 없었기 때문이다. 특검이 체면을 구겼다고 할까. 역대 최약체의 특검으로 평가받을지도 모르겠다. 태생부터 그런 점이 없지 않았다.

　　무엇보다 정권 초기 출범한 특검의 경우 성공한 사례가 거의 없다. 살아 있는 권력에 대해 손을 댄다는 것이 그만큼 어렵다는 방증이기도 하다. 현직 검사들도 특검에 가는 것을 탐탁지 않게 생각한다. 행여 인사상 불이익을 받을 수도 있다고 생각한다. 잘

못 건드렸다가 큰코 다칠 수 있다고 여기는 까닭이다.

오히려 정권의 입맛에 맞는 수사 결과를 내놓기도 한다. 이번도 그렇다고 할 수 있다. 다시 영장을 청구할 가능성은 희박하다. 불구속 기소로 가닥을 잡을 것 같다. 솔직히 왜 특검을 했는지 묻고 싶다. 시간과 돈을 낭비했다고 볼 수밖에 없다. 어제 1박 2일간 휴가를 마치고 올라오는데 초등학교 친구가 말했다. "애매한 노회찬만 잡았네".

특검은 김 지사가 댓글 조작을 사실상 지시했다고 주장했지만, 법원은 다툼의 여지가 있다며 받아들이지 않았다. 김 지사가 댓글조작의 공범이라는 특검팀 주장에 근거가 부족하다고 본 것이다. 법원은 공모 관계가 성립되는지, 또 범행에 어느 정도 가담한 것인지 등을 놓고 다툼의 여지가 있다고 판단했다. 특검보다 김경수의 손을 들어준 셈이다.

영장 기각에 대한 정치권의 반응을 보자. 그럼 앞으로의 그림이 그려진다. 김현 더불어민주당 대변인은 서면브리핑을 통해 "법원의 구속영장 기각은 사필귀정으로 허익범 특검이 정치특검, 편파특검임을 입증한 것"이라며 "허익범 특검의 그동안 허위사실 유포와 과도한 언론플레이에 대해서는 반드시 책임을 묻겠다"고 엄포를 놨다. 그러면서 "김경수 지사에 대한 구속영장 청구는 무리

한 요구로 자유한국당 추천이라는 허익범 특검의 태생적 한계를 드러낸 것"이라며 "불순한 정치행위에 불과했다"고 비판했다.

야당은 반발했다. 윤영석 자유한국당 수석대변인은 "수차례 들통난 김 지사의 거짓말과 특검이 확보한 구체적인 증거, 관련자들의 일관된 진술마저 무시하고 김 지사의 주장을 일방적으로 인정해버린 법원의 결정은 납득하기 어렵다"면서 "특검의 구체적 물증, 관계자들의 일관된 진술을 모두 무시한 영장 기각에 민주당 당대표와 당권주자·국회의원들, 이들 살아있는 권력의 압력과 겁박에 법원이 굴복한 것이 아닌지 하는 의문이 끊이지 않고 있다"고 지적했다.

구속영장을 발부하던, 기각하던 그것은 법원의 고유 권한이다. 영장 기각에 대한 불만이 있을 수는 있다. 나 역시 유감스럽다. 하지만 사법부의 결정은 존중해야 한다. 그것이 성숙한 민주주의다.

2018. 8. 19

F학점의 그들

김부겸

사실 능력으로는 대통령을 하고도 남을 사람이다. 하지만 운이 안 따른다. 쉬운 길보다는 어려운 길을 걸어온 것과 무관치 않다. 지난번 전당대회서 존재감을 보여주지 못해 침체 상태다. 뭔가 돌파구가 있어야 하는데 보이지 않는다. 민주당에서 대구라는 힘든 지역을 바탕으로 해 한계를 실감하고 있다. 자력으로 재기하기 어려운 상황이기도 하다.

김부겸 지고,
박주민 뜨다

지난 29일 끝난 민주당 전당대회에서는 희비가 크게 교차했다. 이낙연 대표와 박주민 전 최고위원은 웃었고, 김부겸 전 의원은 울었다. 두 사람의 입지가 넓어진 반면 김부겸은 오히려 줄어들었기 때문이다. 김부겸이 비록 2위를 했지만, 의미 없는 2등이었다. 박주민은 3위를 하고서도 가능성을 보여주었다. 전당대회에서 김부겸은 21.37%, 박주민은 17.85%를 각각 얻었다.

김부겸과 박주민의 표차는 3.52%포인트에 불과하다. 박주민은 의미 있는 두 자릿수를 얻었고, 김부겸은 겨우 20%대에 턱걸이했다고 볼 수 있다. 나는 이낙연과 김부겸이 양자대결을 하면 6

대4 또는 5.5대4.5 정도로 이낙연이 우세할 것으로 내다보았었다. 그런데 박주민이 끼어 들었다. 박주민은 손해볼 게 없는 게임이었다. 결국 김부겸 표를 깎아먹지 않았나 생각한다.

양자대결과 3자대결은 또 다르다. 양자대결은 견제심리가 작용한다. 어느 한 사람에게 일방적으로 표를 몰아주지 않는다. 김부겸 측도 그런 생각을 했을 것 같다. 선거운동 기간 터진 홍수와 코로나 확산세도 김부겸에게는 악재였다. 대중연설 등 김부겸의 장점을 살릴 수 있는 기회조차 잡지 못한 까닭이다. 박주민은 김부겸에 비해 유튜브 등 SNS를 잘 활용했다.

더군다나 김부겸은 대의원 투표 말고 다른 분야에선 오히려 박주민에 밀렸다. 이 게 더 뼈아프다고 할 수 있다. 득표율에 반영비율이 높은 대의원 투표에서 29.29%로 박주민 의원(13.51%)보다 높았지만, 권리당원(김부겸 14.76%, 박주민 21.51%)과 국민여론조사(13.85%, 22.14%), 일반당원 여론조사(18.05%, 19.15%)는 모두 3위였다. 2위를 하고도 2위를 했다고 말하기 겸연쩍은 대목이기도 하다.

김부겸이 체면치레라도 하려면 30%대의 득표를 했어야 했다. 캠프에서도 내부적으로 '30% 득표율'을 정했던 것 같다. 그런데 초라한 성적을 거두고 나니 김부겸의 입지가 확 쪼그라들었다. 이 정도의 득표율로는 명함을 내밀기 어려워서다. 서울시장 출마도,

대통령 출마도 모두 여의치 않다. "대선에 나올 수 있겠지만, 지금 상태론 안 된다. 지명도 자체를 키워야 한다"는 캠프 관계자의 분석이 옳은 듯하다.

박주민은 전당대회를 통해 존재감을 충분히 키웠다. 처음 도전했을 때만 해도 다소 무모하게 비쳤는데 결과적으로 성공이다. 그는 73년생으로 올해 47살. 앞으로 창창하다. 그리고 언제, 어디서든 선거에 뛰어들 수 있다. 20% 가까운 지지층을 확보한 차세대 주자로 각인시켰다. 정치는 박주민처럼 해야 한다. 나는 그의 언행이 마음에 들지 않지만, 도전 방식은 높이 평가한다.

김부겸은 와신상담해야 한다. 무엇보다 정치인으로서 지명도가 얼마나 중요한지 뼈저리게 느꼈을 것이다. 사람 좋은 김부겸 갖고는 안 된다. 남이 갖지 않은 한 방이 있어야 한다. 사실 인품은 김부겸이 훌륭하다. 표는 그것과 비례하지 않는다는 점도 보여주었다. 김부겸은 원외여서 더 어정쩡하다. 이것을 극복하는 것도 그의 능력이다.

2020. 8. 31

김부겸에게
연좌제를 씌우는 것은
옳지 않다

      21세기에 연좌제 얘기가 나온다. 젊은 친구들은 연좌제가 무엇인지 그 의미도 잘 모를 게다. 어릴 적 시골에서 있었던 기억들이 떠오른다. "저 집 애들하고 놀지말라. 집안 중에 월북한 사람들이 있다" 주위에서 이런 말을 하곤 했다. 그럼 그 애는 요즘 말로 왕따가 된다. 그게 바로 연좌제다. 남북을 갈라 놓은 비극이라고 할까.

그 연좌제가 집권당 대표를 뽑는 전당대회에서 불거졌다. 김부겸 후보를 두고 하는 말이다. 김 후보의 큰 처남이 이영훈 전 서울대 교수다. 이 전 교수는 일제강점기 징용과 위안부 강제성을 부정한 책인 '반일 종족주의'의 대표 저자다. 그래서 조국 등으로부터 공격을 받은 바 있다. 이영훈이 친일파라서 김부겸도 공격받는 형국이다.

오죽하면 김부겸의 아내가 페이스북에 글을 올려 하소연을 했을까. 나도 어제 그 글을 보았다. 그동안 있었던 일을 상세히 설명했다. 그러면서 남편을 도와달라고 호소했다. 김 후보의 아내 이유미 씨는 4일 오전 당권 경쟁 중 여당 안에서 이를 문제 삼고 있다는 데 대해 "1980년대 학생운동으로 대학에서 제적된 큰 오빠로 인해 (남편이) 곤혹스러운 처지를 당하니 어찌할 바를 모르겠다"면서 "부디 정치인 김부겸이 걸어온 길을 살펴보고 널리 이해해 달라"고 읍소했다.

진중권도 페이스북에 "아마도 다른 후보 측 지지자들이 김 후보에 네거티브 공세를 펼치는 모양"이라며 "아직도 연좌제가 남아 있나. 이 교수가 아내의 오빠가 아니라 자신의 친형이라 하더라도 대체 이게 왜 문제가 되는지 모르겠다"고 적었다. 진중권의 지적이 옳다. 지금 어느 시대인가. 이제와서 사상이 다른 처남 때문에 안 된다고 하면 말이 안 된다. 흠집내기 이상도 이하도 아니다.

김 후보도 발끈했다. 그는 이날 SBS '주영진의 뉴스브리핑'에 출연, 당권 경쟁 과정에서 나타난 '처남 논란'에 "이것으로 시비를 건다면 연좌제이며 정말 옳지 못한 일"이라고 반박했다. 그러면서

"비난 글이 하도 돌아다닌다고 하니까 아내가 남편에게 도움이 됐으면 좋겠다는 의미에서 쓴 것 같다"면서 "(이 전 교수가) 사상적으로 변화한 것이야 벌써 칠십세가 되신 분이기 때문에 제가 그것까지 어떻게 하겠느냐"고 답답함을 토로했다.

김부겸이 큰 처남에게 생각을 바꾸라고 강요할 수는 없다. 비록 그게(친일이) 틀렸다고 하더라도 사상의 자유는 있다. 이 전 교수는 그대로 평가받으면 될 일이다. 그것을 김부겸에게 연결시키는 것이 옳지 않다는 얘기다. 김부겸은 아주 괜찮은 정치인이다. 나는 그를 90년대 후반부터 보아왔다. 사실 민주당 안에서 그만한 성품을 가진 사람도 드물다.

케케묵은 연좌제를 더 이상 꺼내지 말라. 만약 그렇다면 창피한 줄 알아야 한다. 선거에서는 도움이 될지 모른다. 그러나 할 말과 안 할 말이 있다. 선거판에서 이념논쟁이 이슈가 돼서는 안 된다. 그것도 당사자가 아닌 처남의 일로. 이거야 말로 신종 연좌제라고 아니할 수 없다.

2020. 8. 5

김부겸, 당권 도전
승산 없지 않다

나는 1998년 당시 야당 반장으로 한나라당을 출입했다. 그 때 눈여겨 봐두었던 사람들이 있었다. 김부겸 유승민 김성식이 그들이다. 국회의원은 아니었다. 나중에 셋 다 배지를 달았고, 이 중 김부겸과 유승민은 대권주자 급으로 성장했다. 능력이 있는 사람들이다. 다른 정치인들과 달리 기본기가 탄탄하다. 지난번 총선에서는 모두 배지를 달지 못했다. 김부겸과 김성식은 낙선했고, 유승민은 아예 출마를 하지 않았다.

김부겸이 9일 민주당 대표 선거에 출사표를 띄웠다. 상대는 이낙연. 결코 쉬운 상대가 아니다. 이낙연은 현재 여야 대권주자 통틀어 지지율 1위를 달리고 있다. 지지율만 놓고 보면 김부겸이 이낙연의 적

수가 못 된다. 하지만 당권은 다르다. 대의원을 많이 끌어오고, 권리
당원의 지지를 받으면 이변을 연출할 수도 있다. 김부겸이 노리고 있
는 바라고 할 수 있다.

김부겸은 이날 연합뉴스와 가진 인터뷰에서 "대선 경선을 지도
할 지도부를 본인이 선점하고 또 내려놓겠다는 건 납득하기 어렵
다"면서 "대선주자가 당권을 잡고 7개월 후에 관두는 것이 자연
스럽지 않은데, 이 의원이 고민을 더 해야 한다"고 말했다. 김부
겸 자신이 당 대표가 되면 임기(2년)를 다 채우겠다고 약속한 연
장선으로 볼 수 있다. 이낙연은 그 같은 약속을 하지 않았다. 다
시 말해 당권을 대권의 징검다리로 여긴 셈이다.

"문재인 정부 초대 총리로서 일을 꼼꼼히 잘했다는 점에서 대통
령에 대한 지지의 상당 부분이 영향을 줬을 것 같다" 김부겸이
분석한 이낙연 대세론이다. 높은 지지율은 문 대통령 인기에 힘
입은 바 크다는 지적이다. 아주 일리가 없는 분석도 아니다. 문
대통령의 견고한 인기가 이낙연의 지지율에도 영향을 줬을 가능
성이 크다. 정치는 상대적이기 때문이다.

김부겸은 이낙연을 향해 칼을 겨누었다. "7개월 내 당 대표를 그
만두겠다는 것은 허점"이라며 "당권을 잡아 지지기반을 굳히려
는 것이 과연 국민에게 설득력이 있을지에 대해 문제를 제기하고

싶다"고 밝혔다. 이어 '이낙연 대세론'에 대해 "민심이라고는 할 수 없다"면서 "우리 당의 대의원 같은 분들, 정치적 수용성이 뛰어난 분들이 지금부터 고민을 시작한 것 같고, 내가 야심을 내려놓은 부분에 대해서는 긍정적으로 평가하는 목소리가 나온다"고 주장했다.

당장 박원순 서울시장 사망이 이번 당 대표 선거에도 영향을 줄 것 같다. 누구에게 더 도움이 될 지는 모르겠다. 둘 다 미투와는 관련이 없겠지만 만의 하나 비슷한 주장이 나온다면 걷잡을 수 없을 게다. 이낙연은 전남지사와 총리를 지냈고, 김부겸은 행정안 전부 장관을 각각 지냈다. 요즘 흔히 볼 수 있는 갑질 같은 경우가 나와도 큰 변수가 될 수 있다. 어느 누가 박원순이 미투에 관련됐다고 생각이나 할 수 있었겠는가.

김부겸은 이낙연을 쫓아가는 형국이다. 그러나 저력이 있기에 충분히 해볼만 하다고 본다. 이낙연과 1대1 토론에서도 밀리지 않을 터. 김부겸다운 색깔을 더 낼 필요가 있다. 선거는 끝까지 가보아야 안다.

2020. 7. 10

김부겸 당권
승부수 통할까

김부겸이 민주당 당 대표 선거에 나서겠다고 한다. 그는 당권보다는 대권주자로 불리어 왔다. 그런데 방향을 틀었다고 할까. 대표에 당선되면 임기(2년)을 채우겠다고 한다. 그럼 대권은 물 건너 간다. 다시 말해 대권을 포기하고, 당권만 노리겠다는 뜻이다. 이에 따라 당권 판도에 큰 변화가 예상된다. 지금까지 이낙연 전 총리가 당권 도전을 뜸들여 왔고, 홍영표 우원식 의원이 당권 도전을 밝힌 상태다.

김부겸으로선 일종의 승부수라고 할 수 있다. 두 마리 토끼를 잡기 어려운 만큼 당권만 잡겠다는 것. 그게 먹힐 지는 알 수 없다. 하지만 노려볼 만한 카드라고 생각한다. 당권 주자 가운데 영남 출신은 딱히 없다. 민주당 안에서 영남의 세가 약하기는 하지만, 김부겸 본인의 지명도 등을 계산하면 던지지 못할 카드는 아니라고 본다.

김부겸은 그동안 대권주자로 각인돼 왔다. 여론조사에서도 낮은 지지율을 보여 왔지만 이름을 올렸었다. 사실 지금 지지율로는 대권 경쟁에 뛰어들더라도 그 가능성이 낮다고 볼 수밖에 없다. 따라서 당권 도전은 고육지책인 면도 없지 않다. 대권보다는 당권이 상대적으로 수월한 측면도 감안했을 터. 김부겸도 이 같은 계산이 빠른 편이다.

김부겸이 방향을 틀면서 이낙연의 행보도 주목받고 있다. 이낙연은 발표만 안 했지, 당권 도전을 여러 차례 시사한 바 있다. 문재인 대통령처럼 당권도 장악한 뒤 대권에 도전하겠다는 계획이다. 당권까지 잡으면 굳히기를 할 수 있다는 셈을 했을 것 같다. 현재 지지율에서 월등히 앞서 가고 있는 만큼 이낙연의 일거수일투족은 주목받기에 충분한다.

김부겸은 9일 오전 서울 여의도 한 카페에서 전대 출마를 준비 중인 우원식 의원을 만나 "당 대표가 되면 대선에 출마하지 않고 임기를 모두 채우겠다"고 밝혔다고 복수의 관계자가 전했다. 그는 조만간 공식 전대 출마 선언을 할 예정이며, 한 측근은 "출마 선언을 할 때 임기를 다 채운다는 점을 명확히 해야 한다는 생각"이라며 대선 불출마 의사를 거듭 확인했다.

우 의원은 이 자리에서 "차기 당 대표 과제는 코로나19로 위기에 빠진 민생을 살리고 문재인 정부를 성공시키고 정권 재창출을 위한 대선 경선을 공정하게 관리하는 것"이라며 대선 주자의 전대 불출마 당위성을 강조한 것으로 전해졌다. 두 사람의 회동은 전대 출마 결심을 굳힌 김부겸의 요청으로 이뤄졌으며, 김부겸은 또 다른 당권 주자인 홍영표 의원과의 회동도 추진 중인 것으로 알려졌다.

친문 핵심으로 분류되는 홍영표 의원은 당헌·당규에 규정된 1년전 당·대권 분리 정신을 내세워 이낙연의 사실상 불출마를 공개적으로 요구하며 견제에 나선 상황이다. 김부겸이 당권 도전 카드를 내밀면서 후보자간 합종연횡도 예상된다. 여기에 정세균계가 김부겸을 밀수도 있다는 시나리오가 나와 관심을 모으고 있다. 정치는 생물이라서 알 수 없다.

2020. 6. 10

김부겸·김성식의
낙선도
많이 아쉽다

나는 정치인들을 그다지 좋아하지 않는다. 그 럼에도 몇몇 사람은 눈여겨 보아왔다. 김부겸 의원과 김성식 의 원도 그들 중 하나다. 둘다 이번에 낙선했다. 나도 처음부터 어려 울 것으로 보았다. 결과는 역시나였다. 우리 선거가 인물보다는 지역정서, 당을 먼저 보고 뽑는 분위기가 있다. 둘은 희생양이라 고 할 수 있다. 그래서 더욱 아쉽다.

두 의원 모두 90년대 말 한나라당을 출입할 때 처음 보았다. 그 당시는 국회의원이 아니었다. 내가 본 둘은 그 때나 지금이나 다 름 없다. 우선 겸손하다. 국회의원이 가질 첫 번째 덕목이다. 그리 고 실력이 있다. 이미지도 좋다. 이런 정치인은 많지 않다. 둘에게 또 다른 기회가 있을 것으로 본다. 한 명씩 장점을 살펴 본다.

김부겸을 보면 노무현이 생각난다. 그러나 대구는 이번에 김부겸을 버렸다. TK는 정말 민주당에 있어 불모지나 다름 없다. 21대 총선 결과도 그것을 말해준다. 호남에서 통합당은 설 곳이 없듯이 민주당도 이 지역에서 발을 붙이기 어렵다. 대구를 맨 처음 뚫은 사람도 김부겸이다. 누구도 생각하지 못할 때 그는 고향 대구로 내려갔다. 지역구도를 타파하기 위해서였다.

김부겸은 포용력이 있다. 대권주자로도 부족함이 없다. 친화력도 뛰어나다. 민주당에서도 그의 역할이 있을 것으로 확신한다. TK를 대변하는 정치인도 있어야 한다. 민주당이 지역구 163석을 차지하는 대승을 거두면서도 한 명의 당선자를 배출하지 못한 곳이 바로 이 지역이다. 대구·경북을 더 끌어안는 노력을 해야 한다. 그 선봉은 김부겸이다.

김성식은 무소속 출마를 강행했지만 관악 주민들의 선택을 받지 못했다. 그가 페이스북에 남긴 글이 가슴을 울린다. 개표가 한창이던 16일 0시 10분에 올린 글이다. 낙선을 예상하고 글을 남겼다. 수도권에서 민주당의 바람은 무척 거셌다. 김성식호는 망망대해를 떠도는 돛단배 같았다. 계란으로 바위치기 같은 게임을 했다고 할까.

"자정을 넘긴 시각입니다. 개표가 좀 남았지만 성원에 부응하지 못할 것 같습니다. 저의 부족함 때문입니다. 죄송합니다. 간절한 마음으로 저 김성식과 함께 해주셨던 관악구민들께 진심으로 감사드립니다. 선거대책본부장님을 비롯한 선거사무원, 자원봉사자, 모든 선거지원자님들의 노고에 대해서도 깊은 감사의 말씀을 드립니다. 선거기간 중에 주신 격려와 질책 모두 가슴에 새기고 깊이 성찰하겠습니다. 감사합니다."

나는 김성식을 총리에 추천한 바도 있다. 충분히 그럴 만한 능력과 성품을 갖춘 정치인이다. 의정 활동도 정말 잘 했다. 상임위 베스트 의원은 그의 독차지 였다고 해도 과언이 아니다. 김성식은 무소속이라 한계가 있을 수밖에 없다. 문재인 정부에서도 김성식 같은 인물을 중용했으면 한다. 경제통이기 때문에 어떤 역할을 맡겨도 잘 할 것으로 여긴다. 김부겸 의원과 김성식 의원이 잊혀진 인물로 남지 않기를 바란다. 할 일들이 남아 있기에.

2020. 4. 17

김부겸·김성식 의원만 같아라

내가 정치를 불신하지만 눈여겨 보는 정치인도 있다. 김부겸·김성식 의원이 그들이다. 어제 결혼식에 갔다가 김성식 의원을 만났다. "오 대감도 그대로네" 김 의원이 반갑게 인사를 걸어왔다. 나보다 두 살 위. 1998년 처음 한나라당에 출입할 때 그를 처음 봤다.

김성식은 무엇보다 성실하다. 능력도 뛰어나다. 잡음도 안 들린다. 무결점에 가깝다고 할까. 내가 총리감으로 추천하는 까닭이다. 김부겸 의원도 한나라당 출입 시절 알게 됐다. 김성식 의원과 비슷하다. 집권 덕에 장관도 지냈다. 앞으로가 더 기대된다. 좋은 정치인은 적다. 그래서 둘이 돋보인다.

1998년은 한나라당이 대선에 지고 분위기가 침울했었다. 당시 둘은 국회의원이 아니었다. 이른바 백수(?)로 당을 들락거렸다. 둘은 다른 사람들과 달랐다. 비록 배지를 달고 있지 않았지만, 모든 자세에 흐트러짐이 없었다. 정치적으로 성장할 것이라는 예감이 들었다. 둘다 승부사적 기질도 있다.

먼저 김부겸을 본다. 4선 의원이다. 원래는 경기도 군포가 지역구였다. 그러나 승부수를 띄웠다. 그의 고향인 대구로 돌아가 총선에 출마했다. 2012년 19대 총선에서는 고배를 마셨다. 하지만 2016년 20대 총선에서는 대구수성갑에서 금배지를 달았다. 불모지를 개척한 셈이다. 진보정당으로선 첫 깃발을 꽂았다. 흡사 노무현이 부산에 잇따라 출마했다가 고배를 마신 것과 같다. 승부사 기질이 있다는 뜻이다.

김부겸은 그래도 운이 좋다. 한 번 하기도 어렵다는 장관을 했다. 행정안전부 장관 퇴임식도 못하고, 강원도 산불 진압 현장에서 진영 장관과 바통을 주고받았다. 그는 대권주자로도 주목받고 있다. 현재 지지율은 낮은 편이다. 그러나 다른 주자들에 비해 신선감이 있어 치고 올라올 가능성이 크다. 내가 그를 눈여겨 보고 있는 이유이기도 하다.

김성식도 관심을 모으고 있다. 지금 바른미래당 소속이라 눈에 덜 뜰 뿐이다. 국민의당 소속으로 안철수 전 대표와 함께 서울에서 유일하게 당선된 장본이기도 하다. 서울 관악갑이 지역구다. 민주당이 강세지역인데 오로지 성실성과 실력으로 배지를 달았다. 재선에 불과하지만 경륜이 돋보이기도 한다. 그래서 총리감이라고 했다.

우리나라 정치인 가운데 이들만큼 안티가 없는 사람도 드물 것이다. 정치를 잘 해왔다는 얘기다. 김성식은 매년 최우수 정치인에 꼽힌다. 의정활동도 열심히 하기 때문이다. 정치인의 본분은 의정활동이다. 그러려면 분야에서 전문성을 쌓아야 한다. 김성식은 경제분과에서 뛰어난 활약을 보이고 있다. 공부하는 정치인으로도 정평이 나 있다.

국회의원들에게 당부하고 싶다. 이들 둘만 닮으라고. 소신도 있다. 정치인은 모름지기 철학이 있어야 한다. 쉬운 지역구만 고집해서도 안 된다. 때론 승부수를 띄울 필요도 있다. 내년 총선에서도 둘의 역할이 기대된다. 더 큰 정치인으로 발전하길 빈다.

2019. 4. 21

박지원

자타 공인 정치9단이다. 그에게 나이(78)는 숫자에 불과할 지도 모른다. 지난 4월 총선에서 떨어져 정치생명이 끝나는가 했더니 국정원장으로 화려하게 부활했다. 정치에 관한 한 타의 추종을 불허한다. 정치판을 읽는 눈이 가장 뛰어나다는 평가를 받고 있다. 국정원장 이후도 주목된다고 하겠다. 대선도, 지방선거도 무관하다고 볼 수 없다.

박지원 국정원장과
정치9단의
존재감

북한 김정은 국방위원장이 25일 문재인 대통령과 우리 국민에게 유감을 표시했다. 지난 21일 서해 소연평도 해상에서 실종된 공무원의 총격 살해된 사건과 관련해서다. 남쪽이 이 같은 사실을 발표한지 하루 만에 김 위원장이 공식적으로 사과한 셈이다. 그렇다고 용서할 수는 없지만 북한이 이 정도나마 사과를 표시한 것은 다행이라고 할 수 있다. 이를 계기로 남북 대화의 물꼬를 틀 수도 있기 때문이다.

김 위원장은 이날 우리 측에 보낸 통일전선부 명의의 통지문에서 "가뜩이나 악성 비루스(신종 코로나바이러스 감염증) 병마 위협으로 신고하고 있는 남녘 동포들에게 도움은커녕 우리측 수역에서 뜻밖의 불미스러운 일이 발생해 문재인 대통령과 남녘 동포들에게 커다란 실망감을 더해준 것에 대해 대단히 미안하게 생각한다"고 밝혔다.

통지문은 "우리 지도부는 일어나지 말아야 할 일이 발생했다고 평가했다"면서 "이 같은 불상사가 재발하지 않도록 해상경계감시 근무를 강화하며, 단속 과정의 사소한 실수나 큰 오해를 부를 수 있는 일이 없도록 해상에서 단속 취급 전 과정을 수록하는 체계를 세우라고 지시했다"고 전했다. 통지문 발표는 서훈 청와대 국가안보실장이 했다.

서 실장은 문 대통령과 김 위원장이 최근 친서를 주고받았다고도 했다. 그는 "문 대통령과 김 위원장의 친서에는 코로나 사태로 인한 어려움과 현재 처한 난관이 극복되면서 남북관계 복원에 대한 기대 내용이 담겼다"고 소개했다. 남북 정상의 친서 교환 시점에 대해선 "한 달 이내"라고만 전했다. 박지원 국정원장의 취임 이후다.

정치9단인 박 원장이 구체적으로 어떤 역할을 했는지는 모르겠다. 하지만 두 정상의 친서교환 및 통일전선부 명의의 통지문 발표에도 일정 부분 역할을 했을 것으로 본다. 통일전선부의 남쪽 파트너는 국정원이다. 박 원장은 남북, 나아가 남북미 정상이 만나야 한다는 점을 강조하고 있다. 미국 대선이 있어 북미정상간 만남은 어려울 수 있다. 반면 남북 정상간 만남은 조심스레 추진하지 않을까 여겨진다.

통지문에서도 약간 긍정적 신호를 읽을 수 있다. "우리 측은 북남 사이에 분명 재미없는 작용할 일이 우리 측 수역에서 발생한 데 대해 귀측에 미안한 마음을 전한다"면서 "우리 지도부는 이런 유감스러운 사건으로 인해 최근에 적게나마 쌓아온 북남 사이 신뢰와 존중의 관계가 허물어지지 않게 더 긴장하고 각성하며 필요한 안전대책을 강구하는 것에 대해 거듭 강조했다"는 대목이 그렇다. 박지원 국정원이 나름 분위기를 만들지 않았나 싶다.

남북관계는 굉장히 어렵다. 양쪽 국민들의 정서도 감안해야 한다. 이번 사태로 남쪽은 상당히 격앙돼 있다. 야당도 난리다. 우리 정부가 잘못한 것은 맞다. 강 대 강으로 가지 못하는 것도 이해는 된다. 북한의 재발방지 대책과 함께 정상간 만남으로 이어지도록 할 필요가 있다. 전화위복이란 말이 있지 않은가.

2020. 9. 25

나와 DJ,
그리고 박지원

김대중 전 대통령이 돌아가신지 11주년 되는 날이다. 당시 오전 회사서 일하다가 연락을 받았다. 그리고 곧장 신촌 세브란스병원으로 달려갔다. 돌아가시기 이틀 전 면회를 갔었다. 그 때는 중환자실에 계셔서 이희호 여사님만 뵙고 왔다. 이제는 DJ도, 여사님도 모두 돌아가셨다. 나에게 특히 관심을 보여주셨던 분들이라 때때로 생각난다.

나와 DJ, 박지원 국정원장은 특별한 인연이 있다. 나는 청와대 출입기자로 갈 수 없는 처지였다. 2000년 가을 한나라당(미래통합당 전신) 반장으로 있다가 청와대 출입기자로 갔다. 정부 기관지라고 할 수 있는 서울신문에서 처음 있었던 일이다. 서울신문이 아니어도 청와대 출입기자는 여당에서 갔다. 다들 의아하게 생각했다.

그 때의 일화를 소개한다. 청와대 출입기자로 간 후 얼마 있다가 대통령 경호실과 국정원에서 담당자로부터 연락이 왔다. 나를 좀 보자고 했다. 두 곳 모두 똑같은 말을 했다. "당신은 여기 올 수 없는 것 같은데 어떻게 왔느냐"고 했다. 사실 그랬다. 나는 DJ 정부와 아무런 인연이 없었다. 지역도 달랐다. 나는 충남 보령 출신이다. 당시 기자실에는 거의 호남 출신들이 출입하고 있었다. 그러니 이상하게 볼 수밖에 없었다.

또 하나. 노조위원장 출신으로는 내가 첫 출입기자였던 것 같다. 그것도 물어보았다. 물론 DJ 정부가 노조에 배타적이지는 않았다. 하지만 한 번도 전례가 없었기에 그랬던 것 같다. 이상 세 가지가 조건에 맞지 않는다는 투로 얘기했다. 야당 반장, 충청도, 노조 위원장 출신 등이다. 이런 내가 DJ 정부 임기 1년 6개월을 남겨 놓고는 전체 기자단 간사를 맡게 된다. 그것도 아이러니가 아닐 수 없다.

기자단 간사는 내가 맡고 싶어서 맡은 게 아니다. 기자단에서 만장일치로 뽑아 주었다. 나는 봉사 개념으로 맡았다고 할 수 있다. 당시 대변인은 박선숙, 비서실장이 박지원 국정원장이다. 간사와 대변인, 비서실장은 친하지 않을 수 없는 관계다. 내가 박 원장과 인연을 맺은 계기라고 할 수 있다. 박 원장은 그 뒤 대북송금사건으로 구치소에서 고생을 하기도 했다. 돌아가신 사모님과 종종 면회를 가곤 했었다.

DJ도 나에게 은인이라고 할 수 있다. DJ는 배짱을 심어주었다. 내가 어떤 상황에서도 흔들리지 않는 이유이기도 하다. 김대중 정부서 청와대 출입기자단 간사를 했는데 옳지 않은 일과 타협하지 않아야 된다는 점도 스스로 다짐하고 있다. DJ는 전두환 독재정권서 사형 선고를 받고도 타협하지 않았다. 그 결과 가장 존경받는 대통령으로 남게 됐다.

박 원장은 DJ 내외를 끝까지 잘 모셨다. 자식도 그렇게 못할 것이다. 나에게도 많은 교훈을 주었다. 우스개 소개로 박 원장께 이런 말을 한 적이 있다. "앞으론 우리가 실장(내가 부르는 호칭)님을 잘 모시겠다"고. DJ를, 박지원을 가까이서 만날 수 있었던 것도 큰 행운이다.

2020. 8. 18

박지원,
국정원 흑역사를
종식시켜라

　　　　　27일 박지원 국정원장 후보자에 대한 인사청문회를 비공개 전까지 모두 보았다. 야당 소속 위원들은 흠집을 내려고 안간힘을 썼다. 결정적인 한 방은 없었다고 본다. 누군가 그랬다. "청와대 수석, 비서실장, 장관, 4선 의원까지 지낸 사람인데 더 털어서 무엇이 나오겠느냐"고. 야당은 반대하겠지만 인사청문 결과 보고서도 채택될 것으로 보인다.

문재인 대통령이 왜 박지원을 국정원장에 앉히려고 했는지를 잘 보아야 한다. 박지원은 친문도 아니고, 여당도 아니고, 야당 소속이었다. 한 때는 정적관계였다고 해도 과언이 아니다. 그럼에도 문 대통령은 통 큰 인사로 국민들에게 감동을 주었다. 박 후보자에 대한 기대감 때문이다. 사실 남북문제에 있어 박 후보자 만큼 경험이 많은 사람도 없다. 문 대통령은 그것을 높이 샀다고 볼 수 있다.

박 후보자는 문 대통령에게 충성을 하겠다는 말도 했다. 이는 김 대중 전 대통령처럼 모시겠다는 말과 다름 아니다. 나는 박 후보자가 DJ를 어떻게 모시는 지 지켜본 사람 중 하나다. 정말 지극정성으로 모셨다. 어떤 대통령도 그를 가까이 하지 않을 수 없을 게다. 열심히 하고, 부지런하다. 그것은 모두가 인정하는 바다. 문재인 정부에도 큰 보탬이 될 것이라고 확신한다.

박 후보자는 국내정치에 일절 관여하지 않겠다고 거듭 다짐했다. 2022년은 대선이 있는 해다. 국정원은 흑역사를 갖고 있다. 어떤 대통령도 정권이 연장되기를 바란다. 국정원은 그런 대통령의 마음을 헤아려 앞잡이 노릇을 해왔다고 해도 과언이 아니다. 그래서 부끄러운 과거를 갖고 있다. 국민들로부터 신뢰를 얻지 못한 것도 사실이다.

문 대통령도 국정원 개혁을 약속했고, 서훈 전 국정원장이 상당 부분 개혁을 완수했다고 한다. 박 후보자가 국정원장에 취임하면 그 같은 기조를 이어 나가야 한다. 국정원이 할 일은 무척 많다. 우선 남북관계 개선에 일등 공신이 되어야 한다. 통일부가 있기는 하지만 실질적인 접촉이나 협상은 국정원이 할 수밖에 없다. 박 후보자는 그 역할의 적임자로 여겨진다.

지금은 경제 전쟁이 한창이다. 국정원이 그 첨병이 되어야 한다. 신기술의 국외 유출 등이 없도록 정보망을 강화할 필요가 있다. 미국의 휴스턴 주재 중국 총영사관 폐쇄도 이런 것과 무관치 않다. 국내 첨단산업을 보호하는 것도 국정원의 임무 중 하나라고 할 수 있다. 해외 정보망을 보다 꼼꼼히 관리할 필요성이 제기된다고 하겠다. 이스라엘의 모사드 같은 조직이 되어야 한다.

많은 문제를 야기한 국정원의 특활비에 대해서도 오해를 사지 않도록 투명하게 집행하기 바란다. 그동안 역대 국정원장 6명이 구속되는 불편한 역사를 갖고 있다. 박 후보자는 그런 전철을 밟지 않겠다고 강조했다. 그러려면 실천을 해야 한다. 박지원이 6·15 남북정상회담 개최에 혁혁한 공을 세웠듯이, 국정원 개혁에도 큰 이정표를 남기기 바란다. 국민들의 신뢰는 물론, 국정원 직원들의 사랑도 함께 받아야 한다. 그래야 성공한 국정원장이 될 수 있다.

2020. 7. 28

박지원에게
'색깔론' 제기했다가
망신당한 주호영 원내대표

당 대표나 원내대표는 가벼운 자리가 아니다. 말 한마디, 행동 하나 신중해야 한다. 미래통합당의 투톱을 본다. 김종인 비대위원장은 거의 말 실수를 하지 않는다. 노련미가 묻어 있다. 그런데 주호영 원내대표는 입이 너무 가볍다. 5선이나 한 사람의 처신으로 볼 수 없을 만큼 경솔한 때가 많다. 소속 의원들의 군기를 잡아야 할 사람이 사고를 치니 말이다.

19일에도 큰 실수를 했다. 아니 그게 주호영의 밑천인지도 모르겠다. 박지원 국정원장 후보자에 대해 "적과 내통하는 사람"이라고 했다. 그럼 간첩이라도 된다는 말인가. 할 말, 안할 말이 있다. 박지원이 6·15 남북정상회담을 성사시킨 주역이고, 북한에도 여러 차례 갔다온 것은 모두 아는 사실이다. 남북 관계 개선에 공이 컸으면 컸지, 주 원내대표의 말처럼 내통하지는 않았다.

오죽하면 진중권한테도 얻어터지겠는가. 번짓수를 한참 잘못 짚었다는 지적이다. 진중권은 페이스북에 "그 좋은 소재 다 놔두고 왜 뻘짓을 하는지, 누가 좀 가르쳐 주실래요? 저 사람들, 대체 왜 저래요?"라고 했다. "통합당은 계속 똥볼을 차고 있다"고 표현한 그는 "(주 원내대표 발언은 똥볼을 넘어) 상대 골문에 골을 넣을 자신이 없으니 볼을 자기 골문에 차기로 한 모양이다"고 꼬집었다.

야당 공격수 정청래 의원도 나섰다. 그는 "아무리 야당 공세인 점을 감안하더라도 20대 국회까지 국회에서 한솥밥을 먹던 동료의원에게 이건 나가도 너무 나간 것"이라며 "주 원내대표의 주장을 액면 그대로 해석하면 박지원 후보는 북한 프락치고 간첩이 되는 것이다. 박지원 후보가 간첩이냐"고 따졌다.

정 의원은 "만약 진짜로 박지원 후보가 적과 내통하는 사람이라면 청문회를 거부하고 국가보안법 위반혐의로 구속수사하라 주장하는 게 맞지 않는가"라며 "아무리 그래도 그렇지 이건 아니다. 깨끗이 사과하라"고 요구했다. 박 후보 측도 "근거 없는 색깔론으로 대단히 모욕적"이라며 발끈했다.

더군다나 박지원은 20대 국회서 의정활동을 함께 했던 동료다. 동료라고 꼭 봐줄 이유는 없지만 나가도 너무 나갔다. 그것을 국민들이 공감할까. 박지원은 상대적으로 고령(78살)이다. 그가 무슨 욕심이 있겠는가. 이럴 땐 야당도 국가와 국민을 위해 마지막 경험을 쏟아달라고 주문하면 오히려 점수를 더 딸 게다. 이제와서 색깔론을 제기하다니 시대를 거슬러 올라가는 것 같다.

통합당 의원들에게 주문하고 싶다. 진중권을 벤치마킹하라. 진중권은 구구절절이 옳은 말을 하기에 국민들이 박수를 보낸다. 뜬금 없는 말을 하지 말라. 공부도 하고, 앞뒤를 가려 비판을 하더라도 해라. 그래야 설득력이 있다.

2020. 7. 20

박지원 인사는
신의 한 수였다

#1: 박지원 교수님이 국정원장에 내정됐다. 지금 시점에서 가장 적임자라고 생각한다. 최근 박 교수님과 자주 소통을 했다. 그런 내색은 일절 없었다. 박 교수님은 충성심이 대단하다. 문재인 대통령에게도 DJ를 모실 때처럼 할 것이다. 진심으로 축하를 건넨다. 박 교수님은 조직 장악력이 뛰어나다. 문 대통령을 잘 보필할 것으로 본다.

#2: 박지원 교수님이 국정원장 내정 됐다고 나도 덩달아 축하를 많이 받았다. 기분 좋은 일이다. 박 교수님과는 대통령 비서실장-청와대 출입기자단 전체 간사 관계로 지금까지 인연을 이어왔다. 가장 자주 만났던 정치인이기도 하다. 나는 박 교수님을 인

간적으로 좋아했고, 박 교수님 역시 나를 최대한 아껴 주셨다. 박 교수님이 국정원장으로서 큰 족적을 남겼으면 하는 바람이다.

3일 오후 청와대에서 외교안보라인 인사를 발표한 뒤 내가 페이스북에 잇따라 올린 글이다. 나와 박 후보자가 가깝다는 것은 모두가 다 아는 사실이다. 그것을 굳이 숨기지 않았다. 무슨 의도가 있었던 것은 아니다. 내 스타일이기도 하기 때문이다. 특히 이번 총선서 떨어진 뒤 더 자주 만난 것도 사실이다. 위로도 할 겸 그랬다.

어제 인사의 백미는 박 교수의 국정원장 내정이었다. 거의 누구도 예측하지 못했다. 박 후보자는 그만큼 철저했다. 청와대가 언질을 주지 않을 리 없는데 방송 일정 등을 모두 소화했다. 그것역시 박지원 스타일이다. 노련한 정치인 답다고 할까. 그런데 국정원장 내정 소식이 전해지자마자 박지원다운 제스처를 취했다. 보스에게 충성하는 것. 나는 그런 모습을 쭉 지켜봤다.

박 후보자는 페이스북에 "역사와 대한민국 그리고 문재인 대통령님을 위해 애국심을 가지고 충성을 다 하겠다"면서 "앞으로 내 입에서는 정치의 '정政'자도 올리지도 않고 국정원 본연의 임무에 충실하며 국정원 개혁에 매진하겠다"고 밝혔다. 나도 그에게 축하 메시지만 보냈다. 그동안 박지원과 문재인 대통령의 관계를 모를

리 없다.

무엇보다 문 대통령의 통 큰 인사에 박수를 보낸다. 둘은 앙숙이나 다름 없었다. 문 대통령과 박 후보자간 '구원'의 역사는 오래됐다. 참여정부 때인 2003년으로 거슬러 올라간다. 2002년 대선에서 노무현 대통령은 호남의 몰표를 받아 집권했지만 김대중 정권 시절 벌어진 대북송금에 대한 특검을 수용했고, 김 대통령 비서실장을 지낸 박 후보자는 검찰수사에 휘말려 옥살이를 했다. 당시 청와대 민정수석이 문 대통령이었다.

두 사람의 갈등은 2015년 새정치민주연합 2·8 전당대회에서 정점을 찍었다. '대세론'을 앞세운 문 대통령과 '당권-대권 분리론'을 주장하는 박 후보자가 대표직을 놓고 격돌했다. 박 후보자는 '친문 패권주의'를 내세워 문 대통령을 집요하게 공격했다. 문 대통령이 3.5%포인트 차이로 아슬아슬하게 승리했지만 감정의 골은 깊어질 대로 깊어진 이후였다. 그럼에도 문 대통령은 박 후보자를 중용했다. 이제는 유종의 미만 남았다. 멋진 조합이다.

2020. 7. 4

여권엔 박지원,
야권에는
진중권만 있다

요즘 종횡무진 활동하는 두 사람이 있다. 박지원 단국대 석좌교수와 진중권 전 동양대 교수가 그들이다. 비정치인이면서 유명 정치인을 능가한다. 언론도 둘의 일거수일투족을 추적한다. 둘의 입을 통해 기사가 쏟아져 나오기 때문이다. 박지원은 방송 및 페이스북을 통해, 진중권은 페이스북을 통해 자신들의 견해를 밝히고 있다.

박지원은 문재인 정부 출범 이후 줄곧 정권을 옹호해 왔다. 그 과정에서 욕도 많이 먹었지만, 그의 원칙은 확고하다. "김대중 정부가 제대로 평가를 받으려면 문재인 정부도 반드시 성공해야 한다"고 주장한다. 같은 진보 정권이라는 얘기다. 박지원은 기승전

결 '김대중'"이다. 나는 그가 DJ와 이희호 여사를 어떻게 모시는지 똑똑이 보았다.

이 대목에서 진중권의 일갈이 떠오른다. "문재인 대통령이 친구(노무현)는 참 잘 두셨는데, 참모는 좀 잘못 두신 듯"이라고 했다. 문재인 정부에 박지원 같은 참모는 없다. DJ가 뛰어나기도 했지만, 그 옆에 박지원이 5년을 가장 가까이서 보좌했다. 박지원은 보직이 없을 때도 DJ가 아침마다 보고받는 자리에 배석했을 정도였다. 그만큼 DJ의 신임이 두터웠다는 얘기다.

참모는 충성심만 갖고는 안 된다. 정세를 파악할 수 있는 분석 능력이 있어야 한다. 그리고 미래를 내다보는 지혜도 필요하다. 그래야 대통령이 국정운영을 제대로 할 수 있다. 박지원에게는 그런 능력이 있었다. 지금 정부에는 그런 인사가 안 보인다. 필요하다면 박지원을 삼고초려해 써야 한다. 사실 박지원 만큼 국정운영 경험이 풍부한 사람도 없다.

현재 남북관계도 문 대통령이 지난 2017년 5월 취임한 이후 최악으로 치닫고 있다. 문 대통령이 최고의 업적으로 삼고 있는 남북관계마저 벼랑끝 상황이 되면 더욱 어려워 진다. 그런데 이를 해결할 만한 능력이 문재인 정부에 없는 것 같다. 누군가는 구원투수로 나서야 한다. 그 역할을 박지원이 했으면 좋겠다. 북한도 박지원은 파트너로 인정하고 있다.

여권에 박지원이 있다면, 야권에는 진중권이 독보적이다. 미래통합당에 100여명의 의원이 있지만, 진중권 한 사람보다 화력이 약하다. 솔직히 야당이 맞는지 묻고 싶다. 야당도 아니고, 여당도 아닌 듯하다. 진중권이 하고 있는 얘기를 야당이 해야 한다. 그런데 야당은 번짓수를 찾지 못하고 있다. 김종인 비대위원장에 기대는 것도 볼썽사납다.

진중권이 돋보이는 것은 그가 충분히 준비를 한 뒤 말을 한다는 것이다. 페이스북에 올리는 글도 굉장히 신중하다. 그냥 지르는 것이 아니다. 엊그제 일만 해도 그렇다. 진중권이 지나가는 말로 문재인은 남이 써준 연설문이나 읽는 의전 대통령이라고 했는데, 전현직 청와대 참모들이 벌떼처럼 일어났다. 결국 진중권의 프레임에 모두가 말린 셈이다.

박지원도, 진중권도 진영에선 보배다. 그들은 남들보다 훨씬 더 많은 공부를 한다. 모두가 두려워 하는 공격수로 나설 수 있는 이유랄까.

2020. 6. 12

MC 송해와
방송인 박지원

      최근 종로 3가 아구찜 집에 갔다가 송해 선생을
만났다. 종로 3가에는 송해 거리가 있을 정도로 그가 자주 나타나
는 곳이다. 송해 선생의 아지트라고 할까. 그 날도 나이 지긋한 분들
과 소주를 곁들여 저녁을 하고 계셨다. 워낙 친숙한 얼굴이라 처음
뵙는 것 같지 않았다. 나도 선생과 주먹 인사를 했다. 그냥 인사를 했
더니 먼저 주먹을 내미셨다.

나는 다른 자리서 저녁을 했다. 송해 선생은 문쪽에 계셨는데 지
나가던 시민들이 들어와 사진을 찍고 가곤 했다. 그만큼 전 국민
에게 알려진 인물이다. 대한민국서 송해 모르는 사람이 없을 게
다. 전국노래자랑만 30여 년간 진행해온 명MC이기도 하다. 그는

1927년생이다. 그러니까 우리 나이로 94세다. 실제 나이는 그보다 한 살 많다고도 한다.

송해 선생은 지금도 현역이다. 정확히 조사를 안 해 보아서 알 수는 없지만 세계 최고령 방송MC가 아닌가 싶다. 기네스북에 오를 만 하다. 그 나이에 몇 시간 동안 녹화방송을 하는 것도 그렇고, 발음도 정확하다. 나이가 들면 말이 새기 쉬운데 송해 선생은 정확한 표준어를 구사한다. 자기 관리를 하지 않으면 불가능한 일이다.

송해 선생에게 바람이 있다. 기왕 기록을 경신하고 계시니 100살까지 전국노래자랑을 진행했으면 한다. 어제 오후 방송된 KBS 2TV '불후의 명곡-전설을 노래하다' '송해 가요제'에서는 송해 선생이 임영웅의 노래를 듣고 눈물을 흘리기도 했다. 선생은 말 그대로 살아 있는 전설이다. 오늘의 트롯이 있게 한 주역이라고 할 수 있다.

또 한 사람은 주목되는 인물이 있다. 박지원 전 의원이다. 지난 29일 의정활동을 끝내면서 방송인으로 인생3막을 열게 됐다. 국내 최고의 정치 평론가로 그의 입을 주목하는 사람들이 많다. 무슨 이슈가 터지면 기자들도 그의 페이스북부터 살펴 본다. 주요 현안에 대해 그만의 목소리를 내기 때문이다. "박지원이 이렇게 본다"가 뉴스다.

박지원은 1942년생. 송해 선생의 궤적을 밟지 않을까 생각한다. 두 분의 공통점이 있다. 무엇보다 건강하다. 건강하지 않으면 방송을 할 수 없다. "(오늘)저녁식사는 청와대 근무할 때부터 단골이던 불광동 통나무집 사장님 초청으로 장석일 대통령님 주치의님, 오풍연 기자, 이윤석 의원과 회포를 풉니다." 박지원이 페이스북에 올린 글이다.

이제는 100세 시대. 두 분은 시대를 대표할 만 하다고 할 수 있다. 많은 사람들에게 롤 모델이 되고 있다. 방송MC라면 송해 선생을 닮고 싶지 않겠는가. 또 정치평론을 하는 패널들도 박지원을 롤 모델로 삼을 것 같다. 그러려면 진정 프로가 되어야 한다. 전문성은 기본이다. 자기 관리도 철저히 해야 한다. 두 분에게서 공통적으로 발견할 수 있는 대목이다.

오늘 저녁 박지원 실장(청와대 당시 호칭)과 저녁을 한다. 박 실장은 얘깃거리가 무궁무진하다. 저녁이 기대되는 이유다.

2020. 5. 31

평범한
시민으로 돌아온
박지원

#오풍연: 박지원 의원이 오늘까지 목포에 머물다 올라온다. 금귀월래 약속을 지키기 위해서다. 오는 29일 20대 국회 임기가 종료된다. 따라서 다음 주부터는 목포에 안 내려간다. 30일(토) 저녁을 할 예정이다. 박 의원께 우스개 소리를 했다. "실장(내가 부르는 호칭)님이 DJ 내외를 지극정성 모셨으니 앞으론 저희들이 실장님을 잘 모시겠습니다" 박 의원의 답은 시원하다. "그럽시다" 항상 유쾌한 분이다. 박지원은 죽지 않았다.

#박지원: 금귀월래! 오후 2시 28분 목포발 서울행 KTX가 출발했습니다. 이렇게 박지원의 12년 금귀월래!가 끝납니다. "2008년~2020년 12년 간 624회 금귀월래! 대장정 마침식을 갖겠습니다.

436,800km 도보로 지구 11바퀴를 도는 거리입니다" 강성휘 전 도의원께서 사회를 보며 하신 말씀입니다. 사실은 '마침식'이 아 니라 몇분과 오찬 하고 떠납니다.

"저에게 사랑을 주신 목포시민 한분 한분과 목포의 골목 골목을 제 눈과 가슴에 간직하겠습니다. 저도 한주쯤은 쉬고 싶었지만 DJ의 부탁, 목포시민께 드린 약속이기에 최선을 다해 지켰습니 다. 감사했고 사랑합니다"

점심 후 비가 내리는 드라이브! 선창, 종합수산시장, 수협, 유달 산, 해상케이블카, 목포대교, 신항만, 해경 정비창이 들어 설 허사 도 그리고 세월호. 신항만에서 선적을 기다리는 자동차가 가득 합니다. 목포대교와 신항만 부두가 증설돼 연 2~3만 대였던 수출 차량선적이 이젠 연간 45만여 대까지 늘어났습니다. 봄비를 뚫고 기차는 달립니다. 목포여! 영원하라!

노정객은 이처럼 지역구 활동을 마감한다. 발길이 떨어지지 않았 을 것 같다. 박지원에 대해서는 호好, 불호가 많다. 정치적 역량 때문이기도 할 게다. 나는 그를 전혀 몰랐다. 2000년 가을 청와 대 출입기자로 가서 처음 인연을 맺었다. DJ 임기 1년 6개월 가량 남겨 놓고 나는 출입기자단 전체 간사, 박지원은 대통령 비서실 장으로 자주 만날 기회가 있었다.

그와 더 가까워진 것은 대북송금 사건으로 옥고를 치르는 등 어려움을 겪을 때다. 사모님과 함께 면회도 종종 갔고, 부부동반 식사를 하기도 했다. 그러면서 박지원의 진면목을 보았다. 누가 뭐래도 나는 박지원을 신뢰한다. 앞으로도 마찬가지다. 그가 외롭지 않도록 말벗이라도 되어드릴 생각이다.

박지원 파이팅!!!

2020. 5. 24

박지원의
경륜과 경험이
아깝다

박지원 의원은 목포 지역구 의원으로 만 12년간 활동했다. 처음부터 마지막까지 금귀월래金歸月來를 실천해 오고 있다. 이 기간 중 외국에는 딱 두 번 나갔다 왔다. 아마 이런 국회의원은 없을 것으로 본다. 국내 활동 및 지역구 관리에 만전을 기울였다는 얘기다. 이번 총선서 낙선했지만 주말에는 꼭 목포에 내려간다.

"맛 있는 저녁식사를 했습니다. 역시 목포는 맛의 도시입니다. 곧 밤 9시 10분 강적들 방송합니다. 김정은 위원장 위중설 사망설 설설 깁니다. 많은 시청 바랍니다." '강적들'을 방송하기 전 박 의원이 페이스북에 올린 글이다. 2일 오전 목포에 내려가 일정을 챙겼던 것. 이달 말까지는 주말을 이용해 계속 목포에 갔다가 올라올 예정이라고 했다.

"지난 수요일 '강적들' 녹화 때는 김정은 위원장 위중 사망설로 공방전이었지만 어제 아침 김 위원장 무사복귀로 재편집했겠지만 무력한 나를 보고 질책이 이어집니다. 왜 나갔느냐, 이제 나가지 말라 등등. 사실은 그게 아니었다고 변명을 했지만 나도 기분이 나빠 곰곰 생각 중입니다. 이 또한 지나갑니다." 내가 강적들을 보지 않아 왜 이 같은 말을 했는지 모르겠다.

사실 박지원은 북한 문제에 있어서도 국내 최고의 전문가라고 할 수 있다. 우선 정보가 많다. 게다가 분석력도 뛰어나 족집게처럼 맞춘 적이 한 두 번이 아니다. 이번에도 박지원의 판단이 옳았음은 입증됐다. 박지원은 2000년 6·15 남북정상회담을 성사시킨 주인공이기도 하다. 김대중 전 대통령의 심부름을 도맡다시피 했다.

박지원은 북한 문제 뿐만 아니라 국내 정치, 경제, 외교에도 매우 능하다. 내가 본 정치인 가운데는 최고의 실력자다. 그와 친해서 그런게 아니다. 그 만큼 공부를 하는 정치인이 없다고 해도 과언이 아니다. 정보력이 뛰어난데다 공부까지 열심히 하니 그를 당해낼 재간이 없는 것이다. 21대 총선 당선자들도 박지원의 그런 점은 닮기 바란다. 지역구 관리와 공부. 국회의원에게 꼭 필요한 대목이다.

호남에서 민생당이 절대 열세라고 해도 박지원은 살아 돌아올 것으로 기대하는 사람들이 적지 않았다. 그러나 민주당 바람은 박지원도 어쩔 수 없었다. 낙선하면서 그의 경륜과 경험도 빛을 잃게 됐다. 여야 통틀어 박지원만한 정치인도 없다. 나는 그에게 농담삼아 이런 말을 한 적이 있다. "2022년으로 가야죠". 말하자면 대선도 생각해보라는 뜻이었다. 대통령을 한다면 누구보다도 잘할 사람이라고 판단했다. 물론 나이가 걸리기는 한다.

박지원은 1942년생. 우리나이로 79세다. 그러나 그의 외모를 보면 60대 중후반 정도로 보인다. 그에게 나이는 숫자에 불과할 뿐이다. 그의 경험이 아깝다는 생각이 든다. 이런 정치인을 한 명 키우려면 수십억, 수백억이 들 터. 그래서 이런 농담도 건넸다. "방송에 나가더라도 계약금을 받고 나가시라"고. 박지원의 인생2막도 주목된다.

2020. 5. 3

박지원은
죽지 않았다

#박지원①: "아빠, 나 이사 되었어요" 미국에서 사는 둘째딸이 다국적 유명 패션회사 이사로 승진되었다는 카톡. 손자도 다음달 돌! 코로나로 재택 근무하며 사위가 슈퍼마켓만 오간다 합니다. 미국사람들 한국이 부럽다고 한다 합니다. 언니랑 형부, 우리가 잘 사니 아빠 걱정하지 말고 건강하시라며 훌쩍입니다. 아내가 얼마나 기뻐하면서도 나를 걱정할까? 아내의 사진을 바라보며 잠못 이루는 밤입니다. (4월 20일 밤)

#박지원②: SBS-TV 주영진의 뉴스브리핑에 출연했습니다. 목포 등 10만 이상의 지인들께 방송 안내문자를 지난 12년 간 보냈지만 오늘부터 보내지 않았습니다. 지금부턴 당선인의 시간이기에

예의를 갖추겠다는 생각입니다. 많이 시청하시고 왜 안내문자 안 보냈나, 계속 출연하라 등 격려에 감사합니다.

제가 목포시민과 국민에게 약속드린 1. 목포발전 2. 문재인 대통령의 성공을 지원하고 진보정권 재창출 3. 호남 대통령 만들기에 노력하며 분명히 박지원의 역할이 있기에 박지원은 영원한 현역이다라 했습니다. 주영진 앵커는 고정출연을 요청, 수락했습니다. 유튜브 방송하자, 방송 출연 요청하니 저의 역할을 찾겠습니다. (4월 17일 오후)

#오풍연: 오는 5월 16일(토) 오풍연 칼럼방 창립 두 돌이 됩니다. 덕분에 회원 145명 규모로 성장했습니다. 시간 되는 분들과 삼겹살이라도 구워 먹고 싶네요. 오후 5시부터 이른 저녁을 했으면 합니다. 우선 가능한 분은 댓글 남겨 주십시오. 장소는 지하철 편리한 곳으로 정할까 합니다. 저를 포함 네 명 이상이면 행사를 진행하겠습니다. 따로 회비는 없습니다. 제가 모시겠습니다. (4월 20일 오후)

박지원 의원이 페이스북에 올린 글과 내가 유료로 운영 중인 오풍연 칼럼방 밴드에 올린 글을 소개했다. 박 의원은 칼럼방 평생회원이기도 하다. 내 글에 박지원다운 댓글을 달았다. "저는 토요일이면 금귀월래! 중입니다. 5월 29일 이후엔 저도 나갈게요" 박 의원은 20대 국회 임기가 끝나는 날까지 목포 지역 주민들과 한 약속을 지키겠다는 얘기다. 박 의원은 12년 임기 내내 매주 금요일 저녁 목포에 내려갔다가 월요일 새벽 서울에 올라오곤 했다. 돌아가신 사모님이 병원에 계실 때 몇 번 못 내려가고, 그 같은 약속을 지켰다. 12년 임기동안 딱 두 번 외국에 나갔을 정도다.

박 의원은 그의 말대로 영원한 현역이다. 방송국에서 그냥 놔두지 않는다. 그가 출연하면 시청률은 따논 당상이니 가만히 두겠는가. 어떻게든 불러내려고 할 것이다. 박 의원도 방송 활동은 이어나가겠다고 했다. 아마 현역 때보다 더 활발하게 활동할지 모르겠다. 정치인도 정년이 없지만, 방송인도 정년이 없다. 박 의원이 그 같은 모델을 만든다고 하겠다.

오풍연 칼럼방 모임 장소로 한 회원님이 불광동 통나무집을 추천한다. 박 의원과도 종종 가던 곳이다. 그곳에서 모임을 할까 한다. 박지원도 죽지 않았고, 오풍연도 영원한 현역을 다짐한다. 기분 좋은 새벽이다.

2020. 4. 21

F학점의 그들

박지원의
귀거래사

사랑하는 목포시민 여러분,

저는 지난 12년,

그리고 이번 선거 기간 중에도 진짜 최선을 다했습니다.

그러나 목포시민 여러분의 선택을 받지 못했습니다.

그동안 보내주신 깊은 사랑과 격려에 감사드립니다.

지금 개표가 진행 중이지만 저는 결과에 승복합니다.

앞으로 저는 목포시민 여러분의 사랑을 가슴에 깊이 간직하고

새로운 길을 가겠습니다.

감사합니다.

박지원

박지원 의원이 16일 새벽 페이스북에 올린 글이다. 박 의원마저 목포 시민의 선택을 받지 못했다. 그의 금귀월래金歸月來도 평가받지 못했다는 얘기다. 그러나 박 의원은 최선을 다했다. 오래 정치를 하면서 이번처럼 치열하게 선거를 치른 적도 없을 게다. 정치 9단도 자기의 운명을 점치지 못한 셈이다.

나는 박 의원과 아주 가깝다. 선거 운동 기간에도 몇 차례 통화를 한 적이 있다. 그때마다 어렵다고 호소했다. 박 의원도 이 같은 결과를 어느 정도 예상했을 것으로 본다. 호남 민심 앞에 무릎을 꿇었다고 할까. 인물론은 먹히지 않았다. 시험을 봐서 대통령을 뽑는다면 박 의원이 장원급제를 할 것이다. 그의 말대로 정치는 생물이다. 민심은 거스를 수 없었다.

이제 박 의원은 자연인으로 돌아간다. 하지만 그의 경험이 아깝다. 나도 이번 출마에 100% 찬성하지는 않았다. 내심 아름답게 정계 은퇴를 했으면 하는 마음도 있었다. 본인의 의지가 워낙 강해 말릴 수도 없었다. 박 의원 말처럼 진짜 최선을 다한 선거였다. 그런 만큼 후회는 없을 것으로 여긴다. 노老정객의 퇴장이 씁쓸하다.

나는 정치인 박지원도 좋지만, 자연인 박지원을 더 존경한다. 인간적으로도 매력 있는 분이다. 아쉬움이 없을 리 없다. 정치 밖의

F학점의 그들

세상도 아름답다. 앞으론 그를 자주 볼 수 있을 것 같다. 평범한 시민으로 돌아온 박지원을 환영한다.

2020. 4. 16

나도 그들처럼
비판의 대상이 될 수 있다

프롤로그에서도 얘기했 듯 정치인에 관한 책은 칭찬 일변도가 많다. 선거 등에 도움이 된다고 판단해서다. 본인이 쓰면 자화자찬이 많고, 제3자가 써도 그렇다. 잘한 것만 나열하다보니 못한 것은 없고, 완벽한 사람으로 비쳐진다. 일반 유권자들에게는 하등 도움이 되지 않는 것도 사실이다. 따라서 대권주자별로 대동소이하다. 그런 것을 깨고 싶은 마음도 있었다.

올해도 정치 이슈가 많았다. 4월 총선을 비롯 코로나 등 대형사건이 잇따랐다. 대권주자들이 거기에 어떻게 대응하느냐도 보았다. 물론 칼럼을 쓰는 시점에서 판단했다. 정치인들을 보면 눈치가 백단이다. 여야 다르지 않다. 안 그런 척 하면서도 눈치를 많이 본다. 여권 주자들은 친문 눈치보기가 도를 넘는다. 한 번 찍히면 끝이라는 생각 때문이다.

12명의 대권주자 가운데 특히 이재명, 추미애 측의 반발이 심할 것도 같다. 이 둘에 대해서는 처음부터 끝까지 비판을 했다. 내 눈에 비친 둘은 정치판을 떠나야 할 사람들이었다. 이들에게만 감정을 가진 것은 아니다. 그러나 한국 정치를 후퇴시키는 사람들로 다가왔다. 그것을 글로 표현했을 뿐이다. 그럼에도 그들이 우뚝 선다면 그것 역시 받아들여야 한다. 내가 반대한다고 끝나지 않는 까닭이다.

12명을 선정하는 데 고민도 있었다. 처음에는 문재인 대통령과 윤석열 검찰총장도 넣었었다. 둘 다 현직이고, 임기가 남아 있어 최종적으로 뺐다. 박지원 국정원장은 비정치인이지만 정치인 반열에 넣을 수 있다고 판단해 넣었다. 오세훈 전 서울시장과 유승민 전 의원은 변수가 되지 못한다고 판단해 넣지 않았다.

내가 그들을 비판한 것처럼 나도 비판의 대상이 될 수 있음을 강조한다. 어떠한 비판이든지 겸허히 수용하겠다. 다만 칼럼에 대해서는 내가 책임진다. 자구를 하나도 수정하지 않고 그대로 옮긴 이유이기도 하다. 칼럼을 쓴 이후 상황도 많이 바뀌었다. 거기에 맞춰 글을 손볼 생각이 없느냐는 제의도 받았지만, 그대로 가자고 했다.

칼럼집을 내는 데는 새빛출판사 전익균 대표의 격려가 큰 힘이 됐다. "형님(전 대표와 호형호제를 함), 원고를 한 번 주세요"라고 했던 게 발단이 됐다. 그동안 여러 권의 책을 낸 터라 꼭 책을 내야 되겠다고 생각한 적은 없다. 의도하지 않았고, 우연찮게 낼 수 있도록 도와준 전 대표에게 거듭 고마움을 전한다.

가족들은 든든한 버팀목이다. 아내와 아들이 그들이다. 나의 어떠한 판단도 존중해 준다. 이번에도 그랬다. "자기 책 베스트셀러가 됐으면 좋겠네" 아내의 희망사항이다. 어떤 저자가 그것을 마다하겠는가. 나는 거기까지 기대하지 않는다. 대권주자들을 이해하는 데 조금이라도 도움이 되었으면 하는 바람이다. 철학이 있는 사람을 대통령으로 뽑아야 한다. 문 대통령을 보면서 늘 아쉬운 대목이다. 여야 주자들의 치열한 경쟁을 당부한다.